# 베스트셀러의
# 베스트 라이프

당신이 하나님을 더 깊이 알아가고 더 널리 알리는 사람이 되는 것, 이 책에 담긴 도서출판 예수전도단의 마음입니다. 말씀을 통해 저자가 깨닫고, 원고를 통해 저희가 누릴 수 있었던 그 감동이 책을 통해 당신에게도 전해지기 원합니다. 그리고 당신을 통해 그 기쁨과 은혜가 더 많은 이에게 계속해서 흘러가기를 기도하겠습니다. 이 책을 통해 당신이 받은 은혜를 다른 분들에게도 나눠주십시오. 사랑하고 축복합니다.

ⓒ 김기홍 2022

본 저작물의 저작권은 도서출판 예수전도단에 있습니다.
저작권법에 의해 보호받는 저작물이므로 무단 전재와 복제를 금합니다.

# BEST SELLER
# BEST LIFE

글 김기홍

베스트셀러의
베스트 라이프

예수전도단

# 추천사

지구상의 모든 인간은 예외 없이 인류의 기원과 삶의 목적을 찾기 위해 고민하며 살아가고 있습니다. 인류 역사상 수많은 역사가와 철학자들은 인간이 어느 곳에서 와서 어느 곳으로 가는지, 삶에는 이유와 목적이 존재하는지, 사후 인간의 존재는 어떻게 되는지, 영원한 삶은 존재하는지 등에 대해 고민하며 그 답을 찾으려고 노력했지만, 어느 누구도 일치된 답을 제공하지는 못했습니다.

하지만 저자는 이 책을 통해 전 시대를 거쳐 인류가 해결하지 못했던 다양한 철학적 질문들에 대한 답을 명쾌하고 분명하게 제시하고 있습니다. 인류 역사상 가장 많이 팔린 책인 성경을 통해 인간의 원초적인 질문과 고민에 대한 답을 제공합니다.

이 책은 인간 창조로부터 시작해서 인류의 종말과 그

이후에 이어질 영생에 관해 간결하지만 명확하게 기술하고 있습니다. 저자는 '연결'이라는 키워드를 통해 성경의 진리와 명제들을 매우 자연스럽고 매끄럽게 설명합니다.

저자는 만물의 창조주이신 하나님과 그분의 피조물인 인간이 어떤 존재인가를 가장 먼저 살핍니다. 하나님 형상으로 지음 받은 인간의 존엄성을 강조함과 동시에 인류가 경험하고 있는 비참한 삶의 근원이 죄때문임을 밝힙니다. 죄가 죽음을 가져왔고 비참한 삶의 근원임을 지적합니다. 하지만 죄에 철저하게 오염돼서 스스로 구원에 이를 수 없는 인간에게 소망이 있음을 가르쳐 줍니다. 그 소망이 바로 2,000년 전 이스라엘에서 태어나 인류의 죄를 대신 지시고 십자가 형벌을 받으신 예수 그리스도이심을 선포합니다. 저자는 그분을 마음속에 영접하고 주인으로 모시는 행위 자체가 영원한 삶으로 연결하는 통로가 됨을 강조합니다. 인류가 예수를 만나 영생을 얻기 위해서는 반드시 성령의 역사와 도움이 필요함을 역설하기도 합니다. 그 성령님은 인간에게 영생을 제공할 뿐 아니라 인간의 삶을 풍요롭게 만들어서 인간의 성품과 인격에 아름다운 열매들이 맺힐 수 있도록 도움을 주시는 분임을 가르쳐 줍니다.

마지막으로 저자는 인류의 종말과 영원한 하나님 나라에 대해 상세히 기술합니다. 종말과 영원한 삶이 지닌 의미를 신학적으로 잘 묘사하고 있습니다. 저자는 최상의 삶을 살기 위해서는 반드시 최고의 책인 성경과 연결된 삶을 살아야 할 것을 강조함으로 끝을 맺습니다.

이 책은 기독교의 기본 진리를 명확하면서도 간략하게 정리한 매우 유용한 책입니다. 성경 전체를 꿰뚫는 저자의 스마트한 통찰들이 잘 정리되어 녹아있는 책입니다. 삶의 목적과 방향을 상실한 채 살아가는 불신자, 영원한 삶을 갈구하는 구도자, 기독교 신앙에 입문은 했지만 성경의 내용이 잘 정리되어 있지 않은 초신자, 불신자들에게 복음을 전하려는 전도자, 초신자들에게 복음의 핵심 교리를 가르치려는 목회자 등 다양한 계층의 사람들에게 일독을 권하고 싶습니다.

김학유 총장_합동신학대학원대학교

## 연결을 시작하며

누구나 한 번쯤은 데카르트(René Descartes, 1596~1650)의 이 철학적 명제를 들어봤을 것이다.

"나는 생각한다. 고로 존재한다."

그런데 요즘 시대는 이 명제를 이렇게 말한다고 한다.

"나는 연결되었다. 고로 존재한다."

어느 곳에 가든지 와이파이에 연결이 된 후에야 안심하고 무엇이든지 시작하는 존재가 됐다는 말이다.

그렇다. 연결한다는 것은 참 중요하다. 인간은 약한 존재지만 생각할 수 있고, 말할 수 있고, 글로써 소통할 수 있다. 덕분에 서로 연결하고 협력하면서 엄청난 문명의 발전을 일구며 살아왔다.

이 책을 통해서도 서로 생각하며 주고받는 많은 연결

이 상상을 넘어서는 새로운 세계의 삶으로 우리를 건너가게 할 줄로 믿는다. 생각만으로도 설렘과 기대가 크다.

지금 우리는 초연결 시대를 살아간다. 인터넷을 통해서 사람과 사물, 그리고 사물과 사물까지 서로 연결하는 세상이다. 세상에 존재하는 유형, 무형의 객체들이 다양한 방식으로 서로 연결돼 각 객체가 제공하지 못했던 새로운 서비스를 받으며 살고 있다. 바로 사물인터넷(Internet of Things)으로 말이다.

그런데 앞으로는 인터넷에서 브레인넷$^{brain-net}$으로 가게 된다는 이야기가 있다. 우리의 뇌와 사물이 직접 연결되면서 생각하는 대로 사물을 움직이고 이로 인해 더 편리하고 풍성한 삶의 미래로 나아간다는 것이다. 참으로 놀라운 발전이자 엄청난 세상이다.

그런데 큰 걸림돌이 하나 있다. 모든 연결의 주체가 되는 우리의 뇌가 언젠가는 정지한다는 것이다.

우리 몸은 100조 개 정도의 세포로 구성돼있다. 엄밀히 말하면 구성돼있다기보다는 서로 긴밀하게 연결이 됐다는 해석이 옳다. 이 모든 연결을 주도하는 것이 바로 우리의 뇌라는 말이다. 그런데 문제는 뇌와 몸의 연결이 끊어질 때가 반드시 온다는 것이다. 그렇게 되면 모든 연결이 다 끊어지게 되는 것은 당연지사다.

그래서 뇌를 다운로드받아 영생과 연결하려는 연구가 진행 중이라는 이야기도 들린다. 인간의 의식을 슈퍼컴퓨터로 다운로드받아 저장할 수 있으며, 이 기술이 널리 보급되면 육체의 죽음은 문제가 안 된다는 것이다. 즉 자신의 마음에 드는 육체를 선택한 다음, 의식을 옮겨 가면서 영원히 살 수 있다는 말이다. 과연 이것이 가능할까?

과학기술과 문명, 생명공학의 발전은 결국 한 가지 문제를 극복하는 쪽으로 가는 것으로 보인다. 바로 죽음이다. 궁극적으로 죽음의 문제를 해결하지 않고서는 완전한 만족과 이뤄 놓은 것들을 지속적으로 누릴 수가 없기 때문이다. 미래에 대한 불확실성은 현재의 삶에 불안을 가져다준다. 사람들은 예견된 나쁜 미래보다 불확실한 미래를 더 두려워한다는 말이 있다.

물론 죽음을 당연한 운명으로 받아들이고 별 고민 없이 주어진 현실에 집중하며 열심히 살아가는 사람들도 많다. 하지만 알게 모르게 대부분 사람은 하이데거(Martin

Heidegger, 1889~1976) 같은 실존주의 철학자들이 이야기하는 것처럼 인간의 실존 속에 스며든 불안을 경험하며 산다. 살면 살수록 왠지 모르게 삶의 근본을 흔드는 깊은 허무의 진동을 느끼며 살아간다는 말이다.

지혜자의 대명사로 일컬어지는 솔로몬은 갖고 싶은 것을 다 가져 보았고, 하고 싶은 것은 다 해보면서 한 나라의 왕으로 최고의 권력과 사치를 누렸지만 인생에 대한 결론을 이렇게 이야기했다.

'헛되고 헛되며 헛되고 헛되니 모든 것이 헛되구나. 열심히 수고하고 많은 것을 이룬들 궁극적으로 유익한 것이 없구나.'

다 죽음의 증후군에서 나오는 이야기들이 아닐까?

하지만 죽음을 생각하고 이야기하는 것은 흔들의자에 앉아 있는 것처럼 열심히 흔들어 대지만 앞으로는 나가지 못하는 것과 같은 답답함을 느끼게 한다. 죽은 사람은 이미 우리 곁에 없기 때문이다. 그러니 죽음 이후에 대해서 정확하게 이야기하고 알려줄 사람이 없고, 다 추측과 예견뿐이기 때문이다.

여기서 새로운 연결을 시도하고 싶다.

지금까지 전 인류 역사상 가장 많이 팔리고 읽히는 베스트셀러, 성경이다. 성경은 왜 인류 문명의 발전과 첨단 과학기술의 연구들이 궁극적으로는 죽음을 극복하려는 쪽으로 향하는지를 정확하게 말해준다.

> 하나님이 모든 것을 지으시되 때를 따라 아름답게 하셨고 또 사람들에게는 영원을 사모하는 마음을 주셨느니라 (전 3:11)

이 세상에 존재하는 피조물 중에서 유독 사람에게만 영원을 사모하며 추구하는 마음이 주어졌다는 것이다. 다시 말해 우리 인간은 영원과의 연결이 이루어질 때야 비로소 참된 평안과 궁극적인 만족을 얻을 수 있는 존재라는 말이다.

질문은 결국 이것이다.

'어떻게 하면 영원에 잇닿은 삶을 살 수가 있을까?'

그런데 눈이 번쩍 뜨이는 말씀이 나온다.

> 내가 진실로 진실로 너희에게 이르노니 내 말을 듣

> 고 또 나 보내신 이를 믿는 자는 영생을 얻었고 심
> 판에 이르지 아니하나니 사망에서 생명으로 옮겼느
> 니라 (요 5:24)

'영생을 얻었고!'

이 말씀이 정말 사실이라면 우리는 이 세상에서 '영생'과 연결해 살 수 있다는 말이다.

그렇다면 이 영생과 어떻게 연결할 수 있을까?

> 너희가 성경에서 영생을 얻는 줄 생각하고 성경을
> 연구하거니와… (요 5:39)

영생은 성경에서 연결할 수 있다고 말한다. 성경의 앱을 제대로 설치하고 클릭하면 영생의 세계 속으로 들어가 볼 수 있다는 말이다.

바둑이나 장기를 두면 몇 수 앞을 더 많이 볼 수 있는 사람이 이기게 된다. 인생도 마찬가지다. 앞날의 일을 제대로 예견할 수 있는 사람이 더 지혜로운 삶을 살 수 있다. 인생의 끝을 볼 수 있고 그 끝으로 오늘을 보면서 사

는 사람의 삶은 진지하고 의미 있는 삶이 될 수밖에 없다는 말이다.

하물며 죽음 이후까지를 연결해 제대로 볼 수 있다면 우리 삶은 너무나 많은 부분이 달라질 것이다. 그래서 죽음과 그 이후의 삶을 아는 것은 우리 인생에 가장 먼저 해야 할 시급하고 가장 중요한 일이라고 확신한다. 내가 평생 성경을 연구하고 또 연구하는 시간을 갖는 이유가 바로 이것이다.

성경은 죽음 이후의 영생에 우리를 연결하는 것에만 그치지 않는다. 현재의 우리 인격과 구체적인 삶에도 주도적이고 능동적인 영향을 준다고 말한다.

> [16]모든 성경은 하나님의 감동으로 된 것으로 교훈과 책망과 바르게 함과 의로 교육하기에 유익하니 [17]이는 하나님의 사람으로 온전하게 하며 모든 선한 일을 행할 능력을 갖추게 하려 함이라 (딤후 3:16~17)

사람들은 다 이 세상에서 온전한 인격과 성품으로 선

하고 아름다운 일을 많이 하면서 살기를 원한다. 당신도 분명 그럴 터다. 그것을 이루는 방법이 무엇일까? 답은 바로 성경이다.

성경은 먼저 사람 자체를 온전하게 하고, 모든 선한 일을 행하며 살 수 있도록 온전한 능력을 갖추게 한다. 인격적으로 우리를 초청하고 가르치고 훈련하고, 때로 도전하고 책망도 하고, 사랑하며 위로하고 회복하게 하는 일을 한다.

그러나 억지로 강요하지는 않는다. '모든 성경은 하나님의 감동'으로 기록된 책이기에 성경을 제대로 읽다 보면 하나님의 감동과 역동적으로 연결되면서 이런 일들이 자연스럽게 이루어진다는 것이다.

성경은 거의 1,500년에 걸쳐서 40여 명의 저자들이 쓴 문서가 합해져 이뤄진 책이다. 그렇기에 너무나 다양하고 풍성한 역사적 사건과 사람들의 이야기와 교훈들이 가득하다. 그러니 인생을 좀 더 의미 있고 가치 있게 살아갈 수 있는 풍성한 삶의 지혜를 얻을 수 있다. 지금까지 성경이 인류의 문화, 예술, 법과 제도, 개인적인 삶의 변화 등에 미친 선한 영향력들을 보면 잘 알 수 있다.

향후 인공지능의 발달은 더 정확하고 빠른 정보와 지식을 얻게 할 것이다. 그러나 우리 인생의 실제적인 문제들을 풀어나가고 창의적인 삶을 열어나가며 참 행복의 열매들을 얻으려면 구체적으로 삶에 적용할 수 있는 '구원의 지혜'가 절실하다.

> …성경은 능히 너로 하여금…구원에 이르는 지혜가 있게 하느니라 (딤후 3:15)

성경은 이렇게 오랫동안 많은 저자를 통해 기록된 엄청난 다양성을 갖지만, 놀랍게도 마치 한 사람이 쓴 것처럼 한 주제로 흘러가는 통일성이 있다. 성경이 스스로 주장하는 것처럼 원저자가 바로 하나님이기 때문이다. 하나님이 저자들에게 감동을 주셔서 그의 말씀으로 기록되었기에 가능한 일이다.

또한 이런 문서들이 선별되어 성경이라는 한 권의 책으로 엮어지게 된 것과 변질되거나 훼손되지 않고 지금까지 전해진 것 역시 특별한 하나님의 감동과 간섭이 있었다고 믿는다. 그렇기 때문에 성경을 읽다 보면 하나님의 감동과 연결이 되고, 참 하나님을 아는 지식과 그의 생각과 지혜, 그가 하는 모든 일과 연결이 확장되는 경험을 하게 된다.

  오랜 묵상으로 우려내어 맛있게 조리한 성경의 진수 성찬으로 당신을 초대해 대접하고자 한다. 영혼과 인생에 대한 진지한 갈증과 배고픔으로 말씀을 먹으면, 우주가 쪼개지고 하늘이 열리는 듯한 감동과 기쁨의 맛을 즐기게 될 것이다. 당신의 전 존재를 구원할 수 있는 최고의 영양분도 얻게 될 것이라 확신한다.

  모쪼록 이 책을 다 읽고 나면, "나는 '베스트셀러'에 연결되었다. 고로 '베스트 라이프'로 존재하고 있다."라고 선언할 수 있기를 기도한다. 그것이 내가 이 세상에서 누릴 수 있는 가장 큰 기쁨이요 보람이요 영광이 될 것임을 확신한다. 또한 이 책이 나오기까지 수고한 모든 분이 가질 수 있는 최고의 보상이요 만족이 될 것이다.

# 목차

추천사 4

연결을 시작하며 8

01. '창세 전'으로의 **연결**　21

02. '창조'로의 **연결**　32

03. 끊어진 **연결**　42

04. **연결자**　62

05. 공의와 사랑의 **연결**　88

06. **연결**의 원리 'Acceptant of acceptant!'  96

07. **연결**의 능력  110

08. 빗나간 **연결**  120

09. 바른 **연결**의 순서  132

10. Helper와의 **연결**  144

11. **연결**과 연결의 확장  164

곧 창세 전에…
- 엡 1:4 -

## 01. '창세 전'으로의 연결

먼저 무엇보다 곧바로 성경의 심장과 연결하고자 한다. 그전에 당신이 성경을 어떤 책으로 받아들이든지 상관하지 않으려 한다. 일단 성경의 핵심 부분에 연결하면서 이 세상 최고의 베스트셀러 이야기 속으로 들어간다.

사람들은 성경이 창세기부터 시작하니까 천지창조에 관한 이야기를 먼저 하고 있다고 생각한다. 하지만 그렇지 않다.

우리가 무엇을 만들려고 할때, 먼저 마음속으로 계획하고 필요하면 설계도를 그린다. 하나님이 세상을 만들고 사람을 지으실 때도 그렇게 먼저 계획하고 설계도를 그리셨다. 이런 하나님의 계획과 설계로 연결시켜 주는 말씀이 있다.

곧 창세 전에… (엡 1:4)

'창세 전에!'

곧 이 세상을 창조하기 전에 하나님이 가지신 우주와 인간에 대한 궁극적인 계획을 이야기하고 있다.

한 권의 책을 읽을 때 핵심 주제를 잘 찾아야 한다는 것은 기본 중의 기본이다. 주제 파악을 못하면 그야말로 꽝이다.

나는 엄청나게 많은 분량의 성경 66권의 내용 중에 이것이 바로 성경의 핵심적인 주제라고 생각한다. 이 내용을 제대로 모른다면 성경을 제대로 읽지 않은 것과 같다고 감히 말하고 싶다.

여기에 연결하면 성경에 불이 들어오고 모든 내용이 영상처럼 움직이며 당신에게 분명히 보이기 시작할 것이다. 좀 긴 내용이지만 전후 문장을 살펴서 이해해보면 좋을 듯하다.

> [3]찬송하리로다 하나님 곧 우리 주 예수 그리스도의 아버지께서 그리스도 안에서 하늘에 속한 모든 신령한 복을 우리에게 주시되 [4]곧 창세 전에 그리스도 안에서 우리를 택하사 우리로 사랑 안에서

그 앞에 거룩하고 흠이 없게 하시려고 ⁵그 기쁘신 뜻대로 우리를 예정하사 예수 그리스도로 말미암아 자기의 아들들이 되게 하셨으니 ⁶이는 그가 사랑하시는 자 안에서 우리에게 거저 주시는 바 그의 은혜의 영광을 찬송하게 하려는 것이라 ⁷우리는 그리스도 안에서 그의 은혜의 풍성함을 따라 그의 피로 말미암아 속량 곧 죄 사함을 받았느니라

(엡1:3~7)

'찬송하리로다!'

이 시작이 의미하는 것은 무엇일까?

하나님의 인류를 향한 엄청나고도 놀라운 계획을 이야기하려다 보니 너무나 가슴이 벅차고 감격스러워 먼저 찬양을 폭발시키는 것이다. 마치 위대한 공연을 시작하기 전에 울리는 웅장한 서곡과 같은 느낌을 상상하면 좋을 듯하다.

"하늘에 속한 모든 신령한 복을 우리에게 주시되"

인간이 받을 수 있는 최고의 복, "하늘에 속한 모든 신

령한 복"을 주신다고 하는데, 이는 근원적인 복이며 원천적인 복으로 하늘에서 내려 땅에 쌓이는 가장 완전한 복을 말한다.

"곧 창세 전에 그리스도 안에서 우리를 택하사"

이 말씀은 해석하기도 어렵고 받아들이기도 쉽지 않다. 이 세상의 모든 것이 존재하기도 전에 벌써 '우리'가 나오고 있다. 우리, 즉 당신과 나를 포함한 사람들을 하나님이 선택했다는 말씀이다. 창세 전에 하나님의 생각과 계획안에 바로 '우리'가 있었다는 말이다. 우리가 거기에 있었다니! 이 얼마나 놀랍고 받아들이기 어려운 말씀인가!

사실 '선택'이라는 것 자체가 이해하기 어려운 개념 중의 하나이다. 그래도 피할 수 없다. 우리 인생을 걸고 반드시 생각해 봐야 할 중요한 단어이다. 궁극적으로 우리 존재의 시작부터가 나의 선택이 아니라 그 무엇으로부터 선택됐다는 엄연한 사실에 기초하기 때문이다.

내가 태어난 것 자체가 내가 선택한 것이 아니라 선택

되어진 것이다. 피부 색깔, 부모, 나라 등 내가 선택해서 된 것은 아무것도 없다. 그래서 철학자 하이데거는 "인간은 세상에 던져진 존재자다."라고 말했다.

분명히 내가 이 세상에 존재하기 전에 나와 연결된 뭔가 있었다는 것을 부인할 수 없다. 다시 말해 던진 존재가 있다는 것을 생각할 수 있다는 얘기이기도 하다.

어떤 사람들은 이런 운명을 감사로 받아들이며 살기도 하지만, 또 다른 사람들은 내가 선택하지도 않은 이런 삶을 왜 살아야 하냐고 평생 의문과 갈등 속에 살기도 한다.

여하튼 본문 말씀에 의하면 우리는 창세 전에 이 세상에 오게 될 존재로 선택이 됐는데, 놀랍게도 예수라는 분 안에서 선택됐다는 것이다. 게다가 하나님은 아주 기쁘게 이런 일을 예정했다면서 말이다.

"우리로 사랑 안에서 그 앞에 거룩하고 흠이 없게 하시려고 그 기쁘신 뜻대로 우리를 예정하사"

우리를 아주 거룩하고 흠이 없는 완전한 존재로 만들기 위해서 예정하고 선택했다고 말한다. 이렇게 우리를 선택해서 거룩하고 아름답게 만들어서 궁극적으로 이루고자 하는 것이 무엇일까?

"예수 그리스도로 말미암아 자기의 아들들이 되게 하셨으니"

예수 그리스도 안에서 우리를 예정하고 선택하신 것은 예수 그리스도로 말미암아 자기의 아들들이 되게 하시는 것이라고 말한다. 여기서 '아들들'이라는 표현은 글을 쓸 당시는 부모의 기업을 상속으로 받을 수 있는 존재가 아들이었기 때문에 대표적으로 쓴 것이다. 지금으로 말하면 딸을 포함한 '자녀'라고 보는 것이 옳다.

단순히 인간을 피조물에 머무르는 정도가 아니라 영원히 같이 살 자녀로 만들어서 하늘의 가족으로 함께 살려는 계획을 세웠다는 말씀이다.

이것이 온 우주를 만드시고, 사람을 만드신 하나님의 최종적인 계획임을 알 수 있다. 이것이 정말 사실이라면 이 세상을 살다가는 인간에게 이보다 더 소망이 되는 것은 없을 터다.

인간의 모든 연구와 교육, 문명의 개발은 결국 세상을 파라다이스로 만들기 위함이라고 해도 과언이 아니다. 그런데 하나님이 계획하신 것은 단순히 에덴의 회복이 아니고, 이 세상에 지상낙원을 만드는 것도 아니다. 우리를 아예 하나님의 자녀가 되게 하여 하나님의 가족으로 삼아 하나님이 만드신 가장 완전하고 행복한 그분의 나라에서 영원히 살게 하신다는 것이다.

　어떻게 보면 동화 같은 이야기지만 이것이 사실이라면 정말 숨이 막히도록 소망이 넘치는 이야기이다. 정말 기가 막힌 말씀이다. 하나님은 기어코 이 일을 이루시고 찬송과 영광을 받으시겠다고 말씀한다.

"이는 그가 사랑하시는 자 안에서 우리에게 거저 주시는 바 그의 은혜의 영광을 찬송하게 하려는 것이라"

　이 모든 일은 우리에게 거저 주시는 것으로 그것을 우리는 '은혜'라고 부른다. '은혜'라는 것은 어떤 행한 일에 대한 보상이나 급료가 아니고 사랑하는 사람들에게 주는 '선물'과 같다.

그런데 이것을 이루기 위해서 하나님이 구체적으로 하시는 일에 대해서 언급한다.

"우리는 그리스도 안에서 그의 은혜의 풍성함을 따라 그의 피로 말미암아 속량 곧 죄 사함을 받았느니라"

이 부분도 정말 중요하기는 하지만, 이해하기가 쉽지 않고 제대로 된 설명이 필요하다. 이런 놀라운 하나님의 계획은 창세 전부터 선택된 예수가 피를 흘려야 하고 그 피로 인해서 우리의 죄가 사해지므로 이루어진다는 것이다.

하나님은 세상과 사람을 만들기도 전에 죄라는 것이 생길 것을 아셨고, 그 죄가 하나님의 이런 아름다운 계획을 막을 것이라는 미래 또한 알고 계셨다. 이 일을 해결하기 위해서 예수 그리스도를 선택하신 것이다.

여기서 질문이 생긴다.

"그렇다면 도대체 '죄'라는 것은 무엇인가? 이 한 단어 때문에 인류에게 준비하신 이 놀라운 하나님의 계획이 가려질 수 있다는 것인가? 이 한 단어를 없애기 위해서 하나님은 창세 전에 예수라는 분을 예비했고, 그가 그의 피를 흘려야만 이것을 해결할 수 있다는 말인가? 도대체 하나님의 창세 전 계획이 진행되는 가운데 무슨 일이 생긴 것인가?"

　이런 질문들을 품고, 하나님이 설계도를 갖고 시작하신 창조의 이야기로 함께 가보자.

## 02. '창조'로의 연결

'이 우주는 어떻게 시작이 되었나?'

이 질문에 대해서는 정말 다양한 의견들이 있다. 하지만 이것 역시 그 당시 본 사람이 지금 없기 때문에 이에 대한 대답은 다 추측이고 가설일 가능성이 크다고 볼 수 있다.

최근 과학계는 우주 기원에 대해서 빅뱅 이론을 말한다. 우주가 팽창하고 있다는 것에서 착안한 이론인데, 최초에는 모든 것이 한 점에 모여 있다가 폭발에 가까운 팽창을 하며 현재 우주가 됐다는 이론이다.

'그럼 처음에 모여 있던 한 점은 어떻게 만들어졌는가?'라는 질문이 생긴다.

상식적으로 무에서는 유가 생길 수 없는 까닭에 가장 처음에 존재했다는 것이 또 어떤 존재에게서 왔느냐를 묻는 것이다. 사실 이에 대해서는 아무도 대답하지 않는다. 아니 아무도 대답할 수 없다.

성경은 이 세상의 시작이 스스로 존재하는 존재로부터 시작되었다고 말한다. 그리고 성경 속 하나님은 자신이 스스로 존재하는 존재라는 것을 이야기한다.

> 하나님이 모세에게 이르시되 나는 스스로 있는 자이니라… (출 3:14)

스스로 존재하시는 하나님이 우주의 공간과 물질을 다 존재하게 하셨고, 시간도 만드셨다는 말씀이다.

> 태초에 하나님이 천지를 창조하시니라 (창 1:1)

이 말씀 속에서 우리는 하나님이 우주 공간과 물질, 그리고 시간도 창조하신 것을 알 수 있다.

우리는 무엇이든 처음과 끝이 있어야 한다고 생각하지만, 하나님은 처음과 끝의 시간까지도 만드는 분이고 처음과 끝이 하나님 안에 있다.

우리의 이해를 넘어서는 영역이지만 그냥 영원 전부터 영원 후까지 존재하는 분이라고 스스로를 성경 속에서 알려 주셨다.

성경은 온 우주와 물질과 시간을 어떻게 만들었는지 과학적으로 설명하지 않는다. 그렇다고 과학적이지 않은 것도 아니다. 창조를 과학적으로 설명하려면 온 우주에 가득하게 써야 할 것이고, 그것을 우리가 본다고 해도 결코 이해하기도 어려울 것이다.

가끔 이런 생각을 하곤 한다. 우리가 지금 사용하는 스마트폰을 가지고 가까운 과거인 조선 시대 정도에 가서 보여준다면 그 사람들은 어떤 반응을 보일까 하는 것이다. 아무리 설명해도 이해하지 못할 뿐만 아니라 우리를 미친 사람으로 취급할 것이 뻔하다.

사실 우리도 잘 사용하고는 있지만 그 모든 원리나 과학적이고 기술적인 내용은 완전하게 다 알지 못한다. 그냥 믿고 사용하는 정도에 불과하다.

그렇다. 하나님의 창조는 지극히 과학적인 것이지만, 우리에게는 믿음의 대상인 것이다. 스스로 존재하시는 하나님은 계획과 뜻을 가지고 세상을 존재하게 하셨고,

특히 그 안에 사람을 만드셨다. 그렇기에 개인적으로 창세기 1장 1절 앞에 이렇게 써야 한다고 생각한다.

'태초에 하나님의 계획이 있었느니라!'

특히 하나님은 사람을 만들 때 많은 생각과 목적으로 만드셨다는 것을 알 수가 있다.

> 하나님이 자기 형상 곧 하나님의 형상대로 사람을 창조하시되 남자와 여자를 창조하시고 (창 1:27)

사람은 우연으로 생겨난 존재도 아니고, 어떤 존재에서 진화된 것도 아니다. 처음부터 계획과 목적을 가지고 하나님의 형상대로 창조된 존재이다. 이를 분명히 말씀하신다.

인간의 인간됨의 존엄성과 가치가 여기에 있다고 생각한다. 하나님께서 자신의 형상으로 사람을 만드셨다는 것은 하나님처럼 지식과 감정과 의지를 갖고 하나님과 교제할 수 있는 영적인 존재로 만드셨다는 것을 의미

한다.

> 여호와 하나님이 땅의 흙으로 사람을 지으시고 생기를 그 코에 불어넣으시니 사람이 생령이 되니라
> (창 2:7)

사람은 흙으로 시어졌시만, 하나님이 숨결을 불어 넣어서 살아 있는 '목숨'이 되었다는 것이다.

순수한 우리말인 '목숨'은 목으로 숨을 쉬는 존재, 즉 살아 있는 생명의 존재가 됐다는 의미이다. 이 우주 안에서 인간만이 하나님의 숨이 스며있는 영적인 존재로서 영이 중심이 되어 지성과 감성과 의지를 갖고, 영이신 하나님과 교제하고 예배할 수 있게 되었음을 알려준다. 그러니 온 우주에서 인간만이 하나님을 찾고, 하나님을 예배하고 섬길 수 있는 존재라는 것을 부인하기 어려울 것이다. 그래서 이런 말씀이 있다.

> 하나님은 영이시니 예배하는 자가 영과 진리로 예배할지니라 (요 4:24)

특히 하나님은 인간에게 하나님을 닮은 자유의지를 주셔서 자신의 선택으로 하나님과 교제하고 즐거움을 나눌 수 있도록 하셨다. 만약 100% 시키는 대로 순종하도록 입력된 로봇 같은 존재로 사람을 만들었다면 진정한 사랑의 교제가 이루어질 수 있을까? 영광과 기쁨을 제대로 주고받을 수 없을 것이다.

> 여호와 하나님이 그 사람에게 명하여 이르시되 동산 각종 나무의 열매는 네가 임의로 먹되 (창 2:16)

임의로 먹을 수 있다는 것은 자유의지를 가지고 자유롭게 먹을 수 있었다는 뜻이다.

인간은 하나님께서 만들어 주신 에덴에서 원하는 것들을 자유롭게 선택하면서 누리고 즐기며 영원히 살 수 있는 존재로 지음을 받았다. 그래서 하나님은 마지막에 인간을 만드시고 이렇게 말씀하셨다.

> 하나님이 지으신 그 모든 것을 보시니 보시기에 심히 좋았더라… (창 1:31)

원래 인간은 하나님이 그렇게 기뻐하시고 사랑하시며 교제하는 대상이었다는 것을 알 수 있다.

그런데 하나님께서 단 한 가지 금지하신 것이 있었다.

> [16]여호와 하나님이 그 사람에게 명하여 이르시되 동산 각종 나무의 열매는 네가 임의로 먹되 [17]선악을 알게 하는 나무의 열매는 먹지 말라 네가 먹는 날에는 반드시 죽으리라 하시니라 (창 2:16~17)

모든 것이 다 가능하나 딱 한 가지, 선악을 알게 하는 나무의 열매는 먹지 말라고 하시고 먹는 날에는 반드시 죽게 된다고 하셨다.

이 선악과 나무에 대해서는 여러 가지 해석이 있다. 그 중의 하나는 창조주 하나님과 그가 만드신 피조물인 인간을 구분 짓는 단 하나의 경계선이었다는 것이다.

인간은 하나님의 형상대로 지어졌고 하나님과 교제하며 하나님의 권세를 가지고 모든 것을 다스리며 누리며 사는 존재였다. 그런 인간에게 단 한 가지 선악과를 에덴 중앙에 세워서 그것을 볼 때마다 하나님이 창조주 되심을 마음 중심에 잊지 않고 살도록 하신 것이다. 이 선을 건드리면 하나님과의 연결은 끊어지고 참 생명과 단절되어 죽음이 온다는 것이다.

사실 인간은 선악과를 먹음으로 선과 악을 알 필요가 없는 존재였다. 늘 하나님과의 관계 안에서 그냥 선으로 살아가는 존재였기 때문이다. 사람은 이 선악과를 선택하지 않는 자유의지를 통해서 하나님의 명령에 순종하고, 그 외에 모든 것을 선택하면서 에덴을 누리는 '베스트 라이프'의 존재였다.

여자가 그 나무를 본즉
먹음직도 하고 보암직도 하고
지혜롭게 할 만큼
탐스럽기도 한 나무인지라
여자가 그 열매를 따먹고
자기와 함께 있는 남편에게도 주매
그도 먹은지라
- 창 3:6 -

## 03. **끊어진 연결**

최초의 인간인 아담과 하와는 뱀으로 나타난 사탄의 유혹을 통해서 소중한 자유의지를 가지고 딱 한 가지 하지 말라고 명한 선악과를 따먹게 된다.

> 여자가 그 나무를 본즉 먹음직도 하고 보암직도 하고 지혜롭게 할 만큼 탐스럽기도 한 나무인지라 여자가 그 열매를 따먹고 자기와 함께 있는 남편에게도 주매 그도 먹은지라 (창 3:6)

이것이 바로 죄의 시작이고, 이것이 바로 죄로 인한 죽음의 시작이 되었다.

결국 죄라는 것은 하나님의 말씀을 어기고, 인간을 존재하게 하신 그 존재의 근원 되시는 하나님과의 연결이 끊어지게 된 것을 말한다.

인간은 스스로 하나님을 피해 숨는 존재가 된 것이다.

> ⁹여호와 하나님이 아담을 부르시며 그에게 이르시되 네가 어디 있느냐 ¹⁰이르되 내가 동산에서 하나님의 소리를 듣고 내가 벗었으므로 두려워하여 숨었나이다 (창 3:9~10)

죄를 짓고 하나님과의 아름다운 관계가 끊어진 인간은 결국 에덴동산에서 나가게 된다. 하나님과의 연결이 끊어진 존재는 에덴의 완전한 것들을 누릴 수가 없기 때문이다.

> 여호와 하나님이 에덴 동산에서 그를 내보내어… (창 3:23)

그 후에 아담과 하와에게서 태어난 사람들은 자동으로 에덴 밖에서 태어나듯이 아담과 하와가 가진 죄가 전 인류에게 전염되어 다 에덴 밖에서 죄인으로 태어났다.
성경은 이 사실을 분명하게 말한다.

> *그러므로 한 사람으로 말미암아 죄가 세상에 들어오고 죄로 말미암아 사망이 들어왔나니 이와 같이 모든 사람이 죄를 지었으므로 사망이 모든 사람에게 이르렀느니라* (롬 5:12)

참 안타까운 일이다. 하나님과의 연결이 끊어지면서 그동안 누렸던 모든 것을 잃어버리고 죽음에 이르는 존재가 되었다는 것이다.

아니, 이런 '죄' 하나 때문에 말인가?

집에 있는 작은 스위치 하나에 관해 이야기하고 싶다. 밤이 되면 전등이 온 집안을 환하고 아름답게 밝혀 준다. 그런데 작은 메인 스위치 하나를 내리면 전등의 불들이 다 꺼지고 모든 것은 어두움에 잠기고 만다. 모든 형상도 색깔도 다 어둠이 삼켜버린다. 스위치 하나로 모든 연결이 끊어지기 때문이다. 아무리 성능이 좋은 컴퓨터라고 해도 전원이 꺼지고 연결이 끊어지면 먹통이 돼 버리고 만다.

'죄'가 무엇인가?

우리는 죄라는 것이 일상생활에서 잘못을 저지르는 범죄들이라고 여긴다. 그러나 성경이 말하는 근본적인 죄는 하나님과의 연결이 끊어지는 것을 말한다. 하나님과의 단절은 하나님과 하나님이 이루시는 모든 일이 나와는 상관없도록 만드는 것이다.

"죄로 말미암아 사망이 들어왔나니"

죄는 하나님과의 관계가 끊어진 것이고, 바로 이 끊어진 연결 때문에 죽음이 온 것이다. 그래서 성경은 죽음을 연결이 끊어지는 것으로 설명한다.

앞서 죽음은 뇌와 몸의 분리라고 언급한 바 있다. 다시 말해 영혼과 육신의 연결이 끊어지고 분리되는 것을 의미한다. 그래서 우리는 죽었다는 여러 표현 중 하나로 '영혼이 떠났다.'라고 말한다. 성경은 이런 죽음을 '육신의 죽음'이라고 이야기한다. 그런데 성경은 이런 육체적 죽음보다 더 근본적이고 중요한 죽음이 있음을 가르쳐 준다. 바로 우리 영혼이 하나님과 연결이 끊어진 상태, 즉 '영적인 죽음'이다.

꽃병에 꽃을 꽂아 놓으면 마치 살아있는 것처럼 보이지만, 실은 죽은 상태다. 뿌리가 끊어졌기 때문이다. 스마트폰도 아무리 다양하고 좋은 기능의 앱들이 많다고 해도 인터넷과 연결되지 않으면 사용하지 못하는 죽은 상태가 된다. 다른 모든 가전제품도 마찬가지다. 제아무리 기능이 좋은 제품이라고 해도 전선과 연결되어 전류가 흐르지 않으면 죽은 상태가 되고 만다. 어딘가에 연결된다는 것은 이토록 중요한 것이다. 우리가 육신적으로는 살아 있어도 영적으로 하나님과 연결이 단절되면, 결국 죽은 상태라고 말할 수 있다.

그래서 성경은 이렇게 표현한다.

>…허물과 죄로 죽었던 너희… (엡 2:1)

한 가지 더 덧붙이자면, '영원한 죽음'이 있다. 영원한 죽음은 인간이 하나님과 영원히 연결이 끊어진 곳으로 가는 것이다. 이것을 성경은 진짜 사망이라고 하고, '둘째 사망'이라고 표현한다.

>…이기는 자는 둘째 사망의 해를 받지 아니하리라
>(계 2:11)

'영적인 죽음'의 상태에서 이것을 해결하지 않고, '육신적인 죽음'에 이르는 것이 첫째 사망이라면 이것으로 결국 맞이하게 되는 것이 바로 '영원한 사망', 즉 둘째 사망이라고 볼 수 있다.

'영적인 죽음' 상태의 문제를 해결하지 못하고 '육신적인 죽음'에 이르는 것이 첫째 사망이라면, 결국 이 사망으로 인해 맞게 되는 것이 바로 '영원한 사망' 즉 둘째 사망인 것이다.

어떤 사람은 이런 생각을 할지도 모른다.

'죽음 이후에 대해서는 다 필요 없어. 죽으면 말 그대로 모든 것이 끝나는 것인데, 죽으면 그만이지 무슨 그 뒤에 일어나는 일들이 그렇게 중요해? 더군다나 판타지 소설에나 나올 하나님 나라나 하나님 가족이 된다는 것은 말도 안 되고. 설령 그렇게 되면 좋기는 하겠지만 그렇지 않고 모든 것이 끝난다고 해도 그것으로 좋아.'

컴퓨터가 고장 나서 먹통이 되는 것처럼 죽으면 뇌가 정지하면서 모든 것이 다 끝난다고 여기며 아주 쿨하게 죽음을 생각하는 사람들도 적잖다.

그렇다. 죽음으로 모든 것을 한 번에 끝낼 수 있는 세상이 오히려 더 낫다고 생각할 수 있다. 그래서 견디기 어렵고 힘든 처지가 되면 자살을 생각하거나 시도하는 것이다.

그러나 성경은 이렇게 말한다.

> 한번 죽는 것은 사람에게 정해진 것이요 그 후에는 심판이 있으리니 (히 9:27)

'심판'이라는 말에 순간적으로 거부감이 들지도 모르지만, 그래도 이 부분에 관해 한 번 깊이 생각해 봤으면 한다.

이미 언급한 대로 내가 태어난 것은 내가 스스로 한 것이 아니다. 이미 정해진 것이다. 더불어 성경은 죽음 이후의 심판도 그렇게 정해진 것이라 말한다. 태어난 것과 죽는 것 모두 인생에 있어서 정해진 사실이라는 점은 누구도 부인할 수 없기에, 심판 역시 정해졌다는 말씀이 심상치 않게 다가올 터다.

말씀대로라면 우리 뇌에 새겨진 삶의 모든 정보가 하

늘 클라우드$^{cloud}$ 어딘가에 저장되고 있다. 즉 죽음 전까지 저장된 내 삶의 모든 정보를 가지고 심판이 이뤄진다는 것이다.

그런데 인생을 살면서 우리가 본능적으로 체득한 지식으로 보면 그럴 수도 있겠다는 생각이 든다. 비록 우리가 선택해서 태어난 인생은 아니더라도 우리는 살아가면서 계속 선택한다. 내 삶의 많은 것이 나의 선택으로 이뤄진다는 뜻이기도 하다.

오늘의 나는 어제의 내가 선택한 결과다. 결국 선택은 자유지만, 결과는 심판이다. 무엇을 심든지 얼마나 심든지는 자유롭게 선택할 수 있지만, 거두는 것은 그에 따른 심판인 것이다. 우리는 매일 선택하고, 매일 심판 받고 있다.

그런 까닭에 죽음으로 모든 것이 끝나버린다면 그것처럼 불공평하고 모순되며 불합리한 것은 없을 것이다. 모든 사람이 그렇게 인생을 막살다가 죽어버리면 그만이라는 생각으로 산다면, 세상이 어떻게 되겠는가? 한번 생각해 볼 일이다. 문제는 세상에는 이런 생각과 사고방식으로 살아가는 사람이 의외로 많다는 사실이다.

그런데 성경에 흥미로운 말씀이 나온다.

> …³²죽은 자가 다시 살아나지 못한다면 내일 죽을 터이니 먹고 마시자 하리라 ³³속지 말라 악한 동무들은 선한 행실을 더럽히나니 ³⁴깨어 의를 행하고 죄를 짓지 말라… (고전 15:32~34)

죽음은 영혼이 육신을 떠나는 것이지만, 그 영혼 속에 저장된 삶의 정보를 바탕으로 분명히 심판을 받게 될 것임을 경고한다. 그러니 죽으면 그만이라는 인간들에게 속지 말고 깨어서 살라고 말한다. 쇼킹하게 들리겠지만, 성경은 이렇게 말하고 있다.

"그리고 육신은 죽여도 영혼은 죽이지 못하는 사람들을 두려워하지 말고 영혼과 육신을 아울러 지옥에 던져 멸망시킬 수 있는 분을 두려워하여라." _마 10:28 참고

사실 성경이 말하는 진짜 죽음은 바로 이것을 말한다. 죄가 있다면 심판을 받게 되고, 영혼과 육신이 영원히

지옥에 던져진다는 의미이다.

앞서 언급했던 '영원한 죽음'이다.

정말 큰 문제는 이 영원한 죽음이 태어난 모든 사람에게 이미 정해졌다는 사실이다.

> [10]기록된 바 의인은 없나니 하나도 없으며 [11]깨닫는 자도 없고 하나님을 찾는 자도 없고 [12]다 치우쳐 함께 무익하게 되고 선을 행하는 자는 없나니 하나도 없도다 (롬 3:10~12)
>
> 내가 죄악 중에서 출생하였음이여 어머니가 죄 중에서 나를 잉태하였나이다 (시 51:5)

이 구절들은 모든 인간이 죄인이라는 DNA를 가지고 태어난다는 사실을 말한다. 죄를 지어서 죄인이라기보다는 죄인이기 때문에 죄를 짓고 사는 존재가 되었다고 말하는 것이다.

아름다운 정원이나 집을 그대로 오랫동안 놔두면 자연스레 폐허나 폐가가 된다. 마찬가지로 우리도 우리 인생을 위해서 뭔가를 하지 않으면 죄로 인해서 저절로 망가져 버리고 말 것이다.

이런 이야기가 꽤나 기분 나쁘게 들릴 수 있다. 누군가는 화를 내면서, "나는 죄를 지어본 적이 없소! 나는 정말 양심에 거리낌이 없이 아무런 잘못 없이 살아왔소!"라고 말할지도 모른다. 그렇다면 모든 사람이 죄인이라고 말하는 성경은 허구이고, 하나님도 거짓말쟁이가 될 것이다.

> ⁸만일 우리가 죄가 없다고 말하면 스스로 속이고
> 또 진리가 우리 속에 있지 아니할 것이요
> ¹⁰만일 우리가 범죄하지 아니하였다 하면 하나님을
> 거짓말하는 이로 만드는 것이니 또한 그의 말씀이
> 우리 속에 있지 아니하니라 (요일 1:8, 10)

거듭 말하지만 성경에서 말하는 이런 내용은 우리가 가장 받아들이기 어렵고 더러는 짜증이 나는 말씀일 수 있다. 이 책을 덮어 버리고 더는 이런 얘기를 듣고 싶지 않은 상황이 될지도 모른다.

하지만 솔직히 말하고 싶다. 지금까지 살아오면서 나 자신은 물론이요 그동안 만난 사람들이나 아는 사람들 모두 생각해봐도 아무런 죄도 없는 사람은 단 한 명도 보지 못했다.

혹 당신은 그런 사람을 본 적이 있는가? 진짜로 죄가 하나도 없다고 느껴지는 사람을 말이다. 만약 그런 사람이 있다면 제발 소개해 주시길 바란다. 만사 제쳐놓고 정말 만나보고 싶다.

아무리 행동이 조심스럽고 청결한 사람이라도 새 옷을 입고 생활하다 보면 뭔가 더러운 것이 묻을 수밖에 없다. 그래서 모든 사람이 빨래하고 샤워를 하면서 사는 것이다. 그런데도 만약 몇백 년 전 태어났음에도 정말 죄가 없는 사람이 있었다면, 그는 죽지 않고 지금도 우리 곁에 살아 있을 것이다.

개인적으로 사람은 반드시 죽는다는 사실만큼이나 모든 사람에게는 죄가 있다고 확신한다. 이 사실이 너무 분명하기에 이것에 관해 제대로 말하는 성경이 절대 진리임을 믿고 받아들인 것이다.

이 책을 읽는 사람이 나와 깊이 공유하는 사건이 있다. 바로 코로나19 바이러스에 관한 경험이다. 지구에 사는 70억 인구가 동일한 충격과 고통을 받았다. 특별한 재난이 있을 때는 동시대 모든 나무의 나이테에 그것이 새겨진다고 한다. 코로나바이러스는 우리 모두의 기억과 역사 속에 지울 수 없는 너무나 많은 변화의 기록을 선명하게 남겼다.

눈에 보이지도 않고 느껴지지도 않는 이 작고 작은 바이러스 하나 때문에 전 인류가 전전긍긍하고 거리두기를 하며 오랫동안 갇혀 지냈다. 나라마다 국경을 폐쇄하고 출입을 막는 소동까지 벌어졌다.

'눈에 보이지 않는 이까짓 바이러스가 우리를 왜 이렇게 힘들고 고통스럽게 하는가?'

벗어나고 싶지만 벗어날 수 없는 상황이 우리를 정말 무기력하게 만들었다. 유일한 해결책인 백신과 치료제만을 기다리며 그렇게 고통스러운 시간을 보냈다.

그런데 사실 과거부터 현재까지 인류는 흑사병, 천연두, 스페인 독감, 사스, 코로나19 등의 바이러스를 여러 번 겪었고, 이로 인해 많은 사람이 죽었다. 인간들 속에 예전부터 존재했고 지금도 존재하는 이런 바이러스와 질병을 우리가 아무리 끔찍하게 싫어한다고 해도 그 존재 자체를 인정하지 않을 수 없다. 바이러스는 여전히 변화하고 존재하면서 우리에게 영향을 끼치고 있다는 사실을 어찌 부인할 수 있겠는가!

바이러스는 너무 작기에 특별히 제작된 현미경으로 봐야만 한다. 그러면 그 안에 보이는 것들이 있기 마련이다. 이 특별한 현미경이 바로 성경이다.

성경이라는 천상의 현미경으로 우리를 보면 이렇게 보인다.

> 모든 사람이 죄를 범하였으매… (롬 3:23)

죽음의 바이러스 속에 바로 '죄'라고 하는 더 작은 바이러스를 보게 된다. 이것이 모든 사람 속에 있고, 사람은 궁극적으로는 이 '죄' 때문에 죽는 것이다.

> 죄의 삯은 사망이요… (롬 6:23)

이미 죄로 죽게 될 운명이기 때문에 이런저런 것들로 인해 죽는다는 것이다.

그런데 정작 세상은 이 '죄'에 대해서는 인식하지 못하고 주목하지 않는다. 코로나바이러스에 온 지구가 그토록 소동을 벌였는데도 그것의 근원적 문제인 죄에 대해서는 전혀 아무런 감각도 없다.

이는 하나님의 생명에서 떠나 있기에, 즉 연결이 끊어져 있어서 감각 없는 자들이 되었기 때문이라고 성경은 말한다.

> [18]그들의 총명이 어두워지고 그들 가운데 있는 무지함과 그들의 마음이 굳어짐으로 말미암아 하나님의 생명에서 떠나 있도다 [19]그들이 감각 없는 자가 되어 자신을 방탕에 방임하여 모든 더러운 것을 욕심으로 행하되 (엡 4:18~19)

하나님의 생명에서 떠나 있는 것, 즉 연결이 끊어져 죄에 대한 감각을 잃어버렸다는 것이다.

암이 무서운 것은 감각이 없어서 잘 모르다가 어느 날

발견될 때는 이미 치료하기에 늦은 경우가 많다는 것이다. 한센병 환자들의 문제도 감각을 잃어버린 데 있다. 펄펄 끓는 물에 손을 넣어도 아무런 감각이 없다.

코로나바이러스 감염자 중에도 감염된 것을 모르다가 검사를 통해 확진된 사실을 아는 경우가 많았다. 무증상 감염자들이나 검사받기 전에 이미 감염된 사람들이 이를 모르고 되레 많은 사람에게 바이러스를 전파해서 문제가 됐다. 이 세상에는 죄에 대해 무감각하거나 인정하지 않고 그냥 무시해 버리는 사람이 너무 많다.

그러나 성경은 이런 죄에 대해 회피하거나 타협하거나 돌려 말하지 않는다. 인간이 죄인이라는 사실을 아주 분명하고 정확하게 말한다. 진실하고 바른 진단만이 진정한 치료와 회복의 시작이다.

그렇다면 어떻게 이 '죄'의 문제를 해결할 수 있을까?

사실 이 세상에 존재하는 모든 종교는 바로 여기에 초점이 맞춰져 있다고 해도 과언이 아니다.

대부분 종교는 죄짓지 않고 바르고 의롭게 살아서 의로운 사람이 되면 신이 주는 복을 받고 궁극적으로는 구원에 이른다고 가르친다. 어떤 종교는 그들만의 특별한 훈련이나 방법을 만들어 놓고 그것을 열심히 하기만 하면 죄를 해결하고 구원을 얻을 수 있다고 설파하기도 한다. 이 종교들은 다 인간이 무언가를 꼭 해야 하는 쪽에 무게가 실려있다.

그런데 이것은 자가당착自家撞着에 불과하다. 인간은 모두 죄인인데 스스로 어떤 일을 한다고 해서 도대체 어떻게 의인이 되고 구원에 이른다는 말인가! 인간은 애초에 그런 존재가 아니다.

큰 돌이나 작은 돌이나 들어서 던지면 반드시 땅에 떨어지는 중력의 법칙이 작용하는 것처럼 인간이 아무리 노력하고 애쓴다고 해도 결국 인간에게는 죄의 법칙이 작용하면서 죄인으로 떨어지게 돼 있다.

그래서 성경은 이렇게 말한다.

> 그러므로 율법의 행위로 그의 앞에 의롭다 하심을 얻을 육체가 없나니 율법으로는 죄를 깨달음이니라 (롬 3:20)

이 세상에 존재했거나 존재하는 육체를 가진 사람 중에 하나님의 법을 완전하게 지켜서 의롭게 될 수 있는 사람은 아무도 없다는 선언이다. 이 사실을 이해하는 것이 너무나 중요하다.

　예를 들어 어떤 사람이 길을 가다가 밑이 제대로 보이지 않는 큰 웅덩이를 봤다고 치자. 웅덩이 옆에는 '너무 깊고 위험하니 절대 들어가지 마세요!'라고 쓰인 푯말이 꽂혀 있었다. 그런데 그 웅덩이를 보면 볼수록 그 바닥은 어디며 그 안에서 뭐가 있을까 하는 궁금증이 생겼다. 그래서 자유의지로 선택해서 그 웅덩이에 뛰어들었다. 결과는 어떻게 됐을까?

　웅덩이는 생각보다 엄청나게 깊었고, 그 안에는 온갖 해로운 벌레와 지렁이들뿐이었다. 그러니 이제는 밖으로 나가야겠다고 선택하고 결단했다. 하지만 아무리 자유의지로 굳은 결단을 하고 높이 뛰기를 열심히 해도 도저히 나갈 수가 없었다. 푯말에 적힌 대로 웅덩이가 너무 깊었기 때문이다.

　결국 그는 결코 나올 수가 없고, 그 안에서 죽어가는 운명이 되고 만다. 자유의지는 있으나 뛰쳐나올 수 있는 능력은 없기 때문이다. 밖에서 누군가 이 사람을 발견하고 사다리나 밧줄을 내려 주는 길 외에는 빠져나올 방법이 없었다.

아담과 하와도 하나님이 주신 자유의지로 선택해 선악과를 먹고, 죄라는 웅덩이에 빠지고 만다. 죽음에 이르는 운명이 된 것이다. 그들 역시 자유의지의 결단과 노력으로 그곳에서 나올 실력은 없었다.

사람이 의롭게 되고 구원을 얻는 것은 절대 사람 스스로 할 수 없다. 구원을 주시는 하나님이 해 주셔야만 한다. 그렇기에 하나님은 이 일을 예수 그리스도를 통해서 하셨다고 성경은 말한다.

> [23] 모든 사람이 죄를 범하였으매 하나님의 영광에 이르지 못하더니 [24] 그리스도 예수 안에 있는 속량으로 말미암아 하나님의 은혜로 값 없이 의롭다 하심을 얻은 자 되었느니라 (롬 3:23~24)

이 모든 이야기는 결국 계속 한 곳으로 초점이 맞춰져 있음을 보게 된다.

죽음을 가져오는 죄를 해결하고 의롭게 되며, 영원한 생명을 얻고 하나님의 가족이 되어 하늘에 속한 모든 신령한 복을 받는 삶은 모두 '예수 그리스도'와 연결돼있다는 것이다.

그렇다면 이 예수가 도대체 어떤 존재인지, 왜 예수가 이 모든 연결의 핵심인지를 더 살펴보자.

## 04. **연결자**

예수의 이야기는 성경에 이렇게 기록돼있다. 지금으로부터 약 2천 년 전쯤에 처녀 마리아에게서 태어나 유대 땅에 살다가 십자가에 죽었다고 말이다. 특히 성경의 사복음서 즉 마태복음, 마가복음, 누가복음, 요한복음은 모두 이 예수에 관한 이야기다.

그렇다면 정말 그가 하나님이 창세 전에 우리의 구원을 위해 예정하신 그 예수일까?

그가 십자가에서 흘렸다는 피는 정말 우리의 죄를 사하는 것이고, 우리를 하나님과 연결하여 하나님이 예비하신 영생과 영원한 그의 나라를 얻게 하는 것일까? 인생을 걸고 알아볼 문제이다.

우선 그 예수가 자신에 대해서 한 증언을 들어보자.

성경에 보면 예수께서 마지막에 붙잡혀서 공식적으로 유대인들의 공회에서 재판받는 장면이 나온다.

> 날이 새매 백성의 장로들 곧 대제사장들과 서기관
> 들이 모여서 예수를 그 공회로 끌어들여 (눅 22:66)

이때 공식적인 질문과 예수의 답변이 나오는데, 이 대답으로 인해 예수는 십자가에 못 박히게 된다.

> [70]다 이르되 그러면 네가 하나님의 아들이냐 대답하
> 시되 너희들이 내가 그라고 말하고 있느니라 [71]그
> 들이 이르되 어찌 더 증거를 요구하리요 우리가 친
> 히 그 입에서 들었노라 하더라 (눅 22:70~71)

예수는 죽음의 판결이 예상되는 상황에서도 자신이 하나님의 아들인 것을 분명하게 말했다. 인간이 자신을 하나님 아들이라고 한 것은 유대인들에게는 치명적인 신성 모독죄가 됐기에 공식적인 이 대답으로 인해서 십자가에 처형된 것이다. 자신이 하나님의 아들이라는 사실을 주장하는 일에 목숨을 걸었다는 뜻이다.

이미 예수는 유대인들 앞에서 공공연하게 자신이 유대인의 조상 아브라함보다 먼저 있었다고 이야기하다가

돌멩이를 맞을 뻔한 일도 있었다. _요 8:56~59 참고

예수와 같이 먹고 마시며 3년을 같이 지낸 제자들도 예수가 하나님의 아들이라고 말했다. 어떻게 공동생활을 3년이나 같이 하면서 모든 것을 다 본 사람을 하나님의 아들이라고 말할 수가 있겠는가?

> [15]이르시되 너희는 나를 누구라 하느냐 [16]시몬 베드로가 대답하여 이르되 주는 그리스도시요 살아 계신 하나님의 아들이시니이다 (마 16:15~16)

더 놀라운 것은 이 고백에 대한 예수의 반응이다.

> 예수께서 대답하여 이르시되 바요나 시몬아 네가 복이 있도다 이를 네게 알게 한 이는 혈육이 아니요 하늘에 계신 내 아버지시니라 (마 16:17)

자신이 하나님의 아들인 것을 아버지 하나님께서 알게 하셨다는 것이다.

뭔가에 미친 집단이 아니고서야 어떻게 이런 대화를 나눌 수가 있을까? 그런 말을 하면서 또 이런 이야기를 덧붙인다.

> 또 내가 네게 이르노니 너는 베드로라 내가 이 반석 위에 내 교회를 세우리니 음부의 권세가 이기지 못하리라 (마 16:18)

남루한 옷차림의 몇몇 사람이 이렇게 말도 안 되는 광신적인 이야기를 지구촌의 어느 유대 땅 구석에서 나눴다는 것이다. 만약 당시 옆에서 이것을 봤다면 너무 어처구니가 없어서 배를 잡고 웃었을지도 모른다. 말도 안 되는 이야기 아닌가?

그런데 이 이야기에 놀라운 반전이 있다. 예수가 베드로가 한 고백을 반석으로 삼아 자신의 교회를 세우겠다는 전혀 믿을 수 없는 말을 한 적이 있다. 그런데 실제로 온 세상에 그의 교회들이 세워진 것을 우리가 보고 있다는 사실이다.

도대체 이 놀라운 일을 어떻게 설명해야 할까?

연결자

심지어 영적 존재인 귀신들이 예수를 만날 때마다 하나님의 아들인 것을 떠들어 댄 사실이 성경 여러 곳에 나와 있다.

> 여러 사람에게서 귀신들이 나가며 소리 질러 이르되 당신은 하나님의 아들이니이다 예수께서 꾸짖으사 그들이 말함을 허락하지 아니하시니 이는 자기를 그리스도인 줄 앎이러라 (눅 4:41)

귀신이 정말 귀신같이 알아맞힌 것인가?

예수님의 십자가 사형을 집행했던 로마의 백부장도 이런 고백을 했다. 예수를 죽인 자들의 입에서 이런 고백이 흘러나왔다는 사실은 그냥 지나칠 수 없는 놀라운 증언이다.

> 백부장과 및 함께 예수를 지키던 자들이 지진과 그 일어난 일들을 보고 심히 두려워하여 이르되 이는 진실로 하나님의 아들이었도다 하더라 (마 27:54)

하나님께서 직접 들려주셨다는 사건도 기록돼있다.

> $^{16}$예수께서 세례를 받으시고 곧 물에서 올라오실 새 하늘이 열리고 하나님의 성령이 비둘기 같이 내려 자기 위에 임하심을 보시더니 $^{17}$하늘로부터 소리가 있어 말씀하시되 이는 내 사랑하는 아들이요 내 기뻐하는 자라 하시니라 (마 3:16~17)

이 모든 증언이 예수는 하나님의 아들이라는 사실을 말한다. 아버지가 하나님이면 아들도 하나님이다. 예수는 하나님이신 하나님의 아들로서 인간이 된 분이라는 주장이다.

이렇게 예수는 자신이 하나님의 아들로서 인간이 됐다고 했다. 그리고 그는 항상 입버릇처럼 자신이 이 세상에서 사는 이유를 이렇게 말했다.

> 인자가 온 것은 섬김을 받으려 함이 아니라 도리어 섬기려 하고 자기 목숨을 많은 사람의 대속물로

주려 함이니라 (마 20:28)

이처럼 자신의 인생 목적을 정확하게 서술한 사람이 또 있을까?

재미있는 것은 인간이라면 모두 살려고 애쓰는 삶을 사는데, 예수는 아예 죽으려고 태어난 사람처럼 죽음을 위해 자신이 존재한다는 이상한 주장을 계속했다는 사실이다. 자신의 생명을 많은 사람의 죄를 속하는 대속물로 주기 위해 산다는 어찌 보면 망상에 사로잡힌 것 같은 이야기를 계속했다. 심지어 죽기 직전에는 제자들과 함께 마지막 식사를 하면서 아주 파격적인 행동을 했다.

> $^{26}$ 그들이 먹을 때에 예수께서 떡을 가지사 축복하시고 떼어 제자들에게 주시며 이르시되 받아서 먹으라 이것은 내 몸이니라 하시고 $^{27}$ 또 잔을 가지사 감사 기도 하시고 그들에게 주시며 이르시되 너희가 다 이것을 마시라 $^{28}$ 이것은 죄 사함을 얻게 하려고 많은 사람을 위하여 흘리는 바 나의 피 곧 언약의 피니라 (마 26:26~28)

먹고 있는 떡을 떼어 나눠 주면서 이렇게 찢어질 자신의 몸이라고 하고, 붉은 포도주를 따라 주면서 제자들을 위해 흘릴 자신의 피, 곧 언약의 피라고 말했다.

'언약의 피'라는 것은 이미 살펴본 것처럼 하나님께서 창세 전에 죄를 사하기 위해 계획하시고 약속하신 그 피를 말한다.

그런데 아무 피나 흘린다고 죄가 사해지는 것이 아니다. 예수는 하나님께서 계획하신 피, 즉 약속이 있는 피를 흘린다는 것을 정확하게 말했다. 아주 충격적이고 생생한 행동으로 자신의 죽음을 자세하게 이야기한 것이다. 말로만 하다가 이제는 연극 같은 행동으로 보여줬다는 얘기다.

과연 그 자리에 있던 사람들의 마음이 어땠을까?

또 한 가지 정말 중요한 사실이 있다. 예수는 자신이 이렇게 죽겠다고 한 것뿐만 아니라 다시 살아난다는 부활을 이야기했다. 실로 점입가경이다.

> 이 때로부터 예수 그리스도께서 자기가 예루살렘
> 에 올라가 장로들과 대제사장들과 서기관들에게

많은 고난을 받고 죽임을 당하고 제삼일에 살아나야 할 것을 제자들에게 비로소 나타내시니 (마 16:21)

죽은 나사로를 살리기 직전에도 이런 놀라운 말씀을 했다.

$^{25}$예수께서 이르시되 나는 부활이요 생명이니 나를 믿는 자는 죽어도 살겠고 $^{26}$무릇 살아서 나를 믿는 자는 영원히 죽지 아니하리니 이것을 네가 믿느냐 (요 11:25~26)

상식적으로 생각해 보면 어떤 사람이 다른 사람을 위해 죽는다고 하면서 죽을 수는 있다. 그러나 완전히 죽었다가 다시 살아나겠다고 한다면, 문제는 완전히 달라진다. 내가 스스로 죽을 수는 있지만, 내가 스스로 살아나는 일은 불가능하기 때문이다.

그렇다면 간단하다. 예수가 한 모든 말씀이 확실하다는 것은 그가 부활하면 증명된다. 자신이 하나님의 아들이며, 십자가에서 흘리는 피가 세상 사람의 죄를 씻고 구원을 준다는 모든 이야기는 그가 부활하겠다는 말이 진짜 이루어질 때 다 사실로 증명될 수 있다는 것이다. 그렇지 않은가?

그러니 우리가 정말 제대로 살펴봐야 하는 것은 '예수가 역사적으로 부활했느냐?' 하는 것이다. 여기에 모든 것이 다 달려 있다고 해도 과언이 아니다.

'예수가 좋은 이야기를 많이 했으니까 그냥 믿어 주면 좋지! 믿으면 구원받는다는데 그냥 믿어 주면 손해 볼 것 없지 않나? 사실이냐 아니냐를 떠나서 긍정적으로 받아들이면 정신적으로나 심리적으로 좋을 것 같아!'

믿음, 믿음하면서 그냥 믿어 주면 좋다는 식의 신앙은 언젠가는 무너질 수밖에 없다. 내 확신을 믿는 것은 '신념'이고, 남이 나를 믿어 주는 것은 '신용'이다.

그러나 진정한 '신앙'은 내 감정이나 생각을 믿는 것이 아니라 사실$^{fact}$을 믿는 것이다. 내 인생의 구원과 영원한 생명을 걸고 부활이 역사적인 사실인지 아주 진지하고 확실하게 살펴봐야 한다는 말이다. 그 사실 위에 세워진 확실한 믿음을 갖는 것이 꼭 필요하다.

우리가 그동안 세상에서 배운 대로라면 예수는 세계 4대 성인 중의 한 사람이라고 알고 있다. 지금도 많은 사람이 그렇게 생각한다. 또 무슬림들은 예수를 위대한 선지자라고 이야기하고, 불교인들은 예수를 위대한 선각자 중의 하나라고 인정한다.

그들에게 한번 묻고 싶다.

"미치광이 정신병자나 혹은 거짓말쟁이, 사기꾼이 성인이나 선지자가 될 수 있습니까?"

절대 그럴 수는 없다고 대답할 터다.

만약 앞서 말한 성경의 내용들이 정말 사실이라면 예수는 셋 중의 하나일 것이다. 자신이 하나님의 아들인 것으로 착각하고 굳게 믿는 정신병자거나, 아니면 적극적인 종교 사기꾼 말이다. 아니면 뒤에 성경을 쓴 저자들이 사기 공모를 한 사기꾼 집단일 수도 있다.

이도 저도 아니라면 과연 예수는 누구일까?

성경에서 말하는 것처럼 그는 정말 하나님의 아들이요, 죄를 사하고 구원을 주시기 위해 창세 전부터 하나님이 계획하고 보내신 메시아임이 틀림없다. 성인이나 선지자, 선각자 정도가 아니라 진짜 하나님의 아들 하나님이요, 구원자라는 것이다.

자, 이제 우리의 바른 선택을 위해서 마지막으로 그 예수는 그가 말한 대로 죽었고 정말 부활했는지를 살펴보고자 한다.

예수는 그가 평소에 이야기한 대로 로마인들에 의해 십자가에서 처형됐다.

> [30]예수께서 신 포도주를 받으신 후에 이르시되 다 이루었다 하시고 머리를 숙이니 영혼이 떠나가시니라…[32]군인들이 가서 예수와 함께 못 박힌 첫째 사람과 또 그 다른 사람의 다리를 꺾고 [33]예수께 이르러서는 이미 죽으신 것을 보고 다리를 꺾지 아니하고 [34]그 중 한 군인이 창으로 옆구리를 찌르니 곧 피와 물이 나오더라 (요 19:30, 32~34)

분명히 십자가에서 숨을 거두었고, 무덤에 장사지냈다는 사실이 성경에 자세히 기록돼있다.

연결자

⁵⁹요셉이 시체를 가져다가 깨끗한 세마포로 싸서 ⁶⁰바위 속에 판 자기 새 무덤에 넣어 두고 큰 돌을 굴려 무덤 문에 놓고 가니 (마 27:59~60)

그리고 한 가지 더, 예수의 무덤을 로마 병사들이 지켰다는 사실도 정확히 쓰여 있다.

⁶²그 이튿날은 준비일 다음 날이라 대제사장들과 바리새인들이 함께 빌라도에게 모여 이르되 ⁶³주여 저 속이던 자가 살아 있을 때에 말하되 내가 사흘 후에 다시 살아나리라 한 것을 우리가 기억하노니 ⁶⁴그러므로 명령하여 그 무덤을 사흘까지 굳게 지키게 하소서 그의 제자들이 와서 시체를 도둑질하여 가고 백성에게 말하되 그가 죽은 자 가운데서 살아났다 하면 후의 속임이 전보다 더 클까 하나이다 하니 ⁶⁵빌라도가 이르되 너희에게 경비병이 있으니 가서 힘대로 굳게 지키라 하거늘 ⁶⁶그들이 경비병과 함께 가서 돌을 인봉하고 무덤을 굳게 지키니라 (마 27:62~66)

아주 자세하게 기록돼있다.

예수가 평소에 죽고 사흘 후에 다시 살아난다고 이야기한 사실을 많은 사람이 알고 있었고, 만약에 누가 예수 시체를 치워놓고 살아났다고 하면 혹세무민惑世誣民하는 사기 사건이 일어날 수 있으니 무덤 문을 봉인封印하고 로마 정규군이 지키게 한 것이다.

그런데 이 시체가 없어졌고 무덤이 비었다. 이것을 어떻게 설명해야 할까?

예수는 죽은 것이 아니라 기절했던 것이고, 무덤의 차가운 바닥 때문에 정신이 돌아와서 스스로 큰 돌을 굴리고 로마 군인들을 쓰러뜨리고 나와 돌아다니면서 부활을 이야기했다고 주장하는 사람들도 있다.

대꾸할 가치도 없는 얘기이다. 제정신이라면 차라리 그냥 죽은 사람이 부활했다는 것을 믿는 편이 훨씬 나을 것이다.

유대인들이 소문을 퍼트린 것처럼 제자들이 예수의 시체를 도둑질해서 숨겨 놓고 부활했다고 떠들고 다녔다는 이야기도 있다. 성경에 보면 예수를 죽인 유대인들이 그런 소문을 내게 했다는 내용도 있다. _마 28:12~15 참고 그런데 예수께서 십자가를 지실 때 무서워서 도망가고 심지어 배신하고 부인했던 제자들이 무슨 용기로 로마 군인들이 지키는 무덤에서 예수의 시체를 도둑질할 수 있단 말인가? 더 중요한 것은 훗날 대부분 제자들이 다 예수가 부활했다고 증거하고 다니다가 처참한 사형을 당했다는 사실이다.

한두 사람이 자신들의 어떤 유익을 위해 사기 공모를 하고 그것을 주장하기 위해서 같이 죽임을 당할 수는 있다. 하지만 모든 제자와 수많은 사람이 한 가지 사기 사건을 사실처럼 말하기 위해서 그렇게 다 순교할 수 있을까? 이는 모두 예수의 부활을 목격하고 경험하지 않고서는 절대 이루어질 수 없는 사건이다.

또 하나 생각해야 할 것이 있다.

예수께서 십자가에 죽으신 때는 유대인의 절기 중 유월절기였다. 그리고 3일 만에 부활하시고 40일을 세상에 계시다가 승천하셨다고 기록돼있다.

> 그가 고난 받으신 후에 또한 그들에게 확실한 많은 증거로 친히 살아 계심을 나타내사 사십 일 동안

그들에게 보이시며 하나님 나라의 일을 말씀하시니라 (행 1:3)

이때 예수께서 제자들에게 예루살렘에 모여 성령이 임하기를 기다리라고 말씀하셨다. 이에 그들은 마가의 다락방에 모여서 기도했고, 그때 예수께서 약속하신 성령이 강하게 임재하는 것을 체험했다.

이날은 유대인들이 지키는 오순절 때이다.

> [1]오순절 날이 이미 이르매 그들이 다같이 한 곳에 모였더니…[4]그들이 다 성령의 충만함을 받고 성령이 말하게 하심을 따라 다른 언어들로 말하기를 시작하니라 (행 2:1, 4)

성령이 충만하게 임하는 신기한 현상 때문에 오순절을 지키기 위해 모든 곳에서 온 유대인들이 모여들었다. 참고로 유월절에서 50일이 지나면 오순절이다.

이때 베드로가 일어나서 설교를 하는데, 그 설교의 핵심은 바로 예수가 부활했다는 내용이었다. 바로 50일 전에 너희가 로마인들의 손을 통해서 십자가에 못 박아 죽인 예수가 부활했다고 말이다. 예수를 잡아 죽인 자들이 시퍼렇게 살아 있는데 공공연한 장소에서 많은 사람을 대상으로 그렇게 외친 것이다.

> [23]그가 하나님께서 정하신 뜻과 미리 아신 대로 내준 바 되었거늘 너희가 법 없는 자들의 손을 빌려 못 박아 죽였으나 [24]하나님께서 그를 사망의 고통에서 풀어 살리셨으니 이는 그가 사망에 매여 있을 수 없었음이라 (행 2:23~24)

> [32]이 예수를 하나님이 살리신지라 우리가 다 이 일에 증인이로다 [33]하나님이 오른손으로 예수를 높이시매 그가 약속하신 성령을 아버지께 받아서 너희가 보고 듣는 이것을 부어 주셨느니라 (행 2:32~33)

그런데 어처구니없는 일이 벌어졌다.

이 말씀을 듣고 예수를 믿어 세례받은 사람들이 3천 명 정도 되었고, 바로 세상 최초로 예루살렘 교회가 세워지게 된 것이다.

> 그 말을 받은 사람들은 세례를 받으매 이 날에 신
> 도의 수가 삼천이나 더하더라 (행 2:41)

정말 상식적으로 말이 안 되는 놀라운 일이다. 예수를 십자가에 못 박으라고 외치던 사람들이 눈앞에 있고, 예수의 사형을 집행했던 로마의 군인들이 이런 절기에 많은 사람이 모이는 것을 감시하고 있었는데 어떻게 이런 일이 일어날 수 있을까?

바로 이런 것들을 염려해서 로마 군인들에게 예수의 무덤을 지키게 한 것이다. 그러니 그들이 곧장 예수의 시체를 가지고 나오든지 후에라도 사람들에게 보여줬다면, 절대로 이렇게 교회가 세워지고 온 세상에 예수 부활의 전설 같은 이야기는 전해지지 않았을 터다. 기독교도 없었을 것이고, 아마 나도 예수를 믿지 않았을 것이며, 이 글도 쓰지 않았을 것이다.

이 모든 현상이 예수가 정말 부활했음을 명백히 증거하고 있다.

또 하나의 예수 부활에 대한 강력한 증거는 '바울'이라는 사람이다. 유대인이던 그는 아주 전통적인 골수 유대인으로 종교와 율법에 능통한 자였다. 그러니 당연하게 예수라는 자는 이단이고, 사이비의 교주라고 생각할 수밖에 없었다.

'어떻게 인간이 자신을 하나님의 아들이라고 할 수 있는가?'

그는 예수를 정말 참담하고 악한 사탄과 같은 존재라고 여겼다. 그래서 그런 예수를 추종하는 사람들을 다 잡아 옥에 가두고 돌로 쳐서 죽이는 일에 앞장섰다. 행동하는 양심이었고, 실천하는 강직한 신앙인이었다.

그런 그가 완전히 바뀌어 버렸다. 모든 기득권과 명예와 생명까지도 내려놓고, 예수를 믿는 골수 제자가 된 것이다. 그가 예수를 믿어 인간적으로 얻는 것은 하나도 없었다. 오직 예수만 얻고 다른 모든 것은 다 잃었다. 미쳐도 보통 미친 것이 아니다. 그가 한 고백이 이를 증명한다.

[7]그러나 무엇이든지 내게 유익하던 것을 내가 그리

스도를 위하여 다 해로 여길뿐더러 ⁸또한 모든 것을 해로 여김은 내 주 그리스도 예수를 아는 지식이 가장 고상하기 때문이라 내가 그를 위하여 모든 것을 잃어버리고 배설물로 여김은 그리스도를 얻고 ⁹그 안에서 발견되려 함이니 내가 가진 의는 율법에서 난 것이 아니요 오직 그리스도를 믿음으로 말미암은 것이니 곧 믿음으로 하나님께로부터 난 의라 (빌 3:7~9)

하나하나 자세히 읽어 보면, 그가 얼마나 예수에 미친 사람인지를 깨닫게 된다. 정말 정신이 이상하게 되지 않고서는 이렇게 될 수가 없는 문제다.

그가 고백한 대로 부활하신 예수를 만났다는 것 외에는 그 어떤 것으로도 이렇게 된 이유를 설명할 수 없다.

³내가 받은 것을 먼저 너희에게 전하였노니 이는 성경대로 그리스도께서 우리 죄를 위하여 죽으시고 ⁴장사 지낸 바 되셨다가 성경대로 사흘 만에 다시 살아나사 ⁵게바에게 보이시고 후에 열두 제자에게

와 ⁶그 후에 오백여 형제에게 일시에 보이셨나니 그 중에 지금까지 대다수는 살아 있고 어떤 사람은 잠들었으며 ⁷그 후에 야고보에게 보이셨으며 그 후에 모든 사도에게와 ⁸맨 나중에 만삭되지 못하여 난 자 같은 내게도 보이셨느니라 (고전 15:3~8)

'내게도 보이셨느니라!'

바울은 부활하신 예수가 여러 사람에게 나타났고, 자신에게도 다메섹에서 보이셨다고 증언한다.

특히 그가 한 이야기 중에 부활하신 예수가 5백 명에게는 한 번에 보였는데, 그중에는 지금도 살아 있어서 교제하는 사람들이 있다는 것이다. 한 번에 5백 명이 보았다는 것은 일시적인 착각이나 집단 환상 속에서 이루어진 일이 아니라는 것을 입증한다.

율법으로 사는 일에 목숨을 걸면서 그것을 지키는 일에는 부끄러움이 없었다는 바울이 유독 예수의 부활과 자신에게 나타난 일에 대해서만은 강력하게 거짓말을 한다는 것도 있을 수 없는 일이다.

그의 성품이나 유대교적인 신앙으로 보면 목에 칼을

대고 예수를 믿으라고 해도 믿지 않을 사람이었기 때문이다. 오직 부활하신 예수를 만나 그의 전 인생을 그에게 걸고 그를 증거하는 삶을 살았던 것이다.

나도 내 영혼의 구원과 영원한 삶을 위해서 예수의 부활 사건에 대해 여러 각도로 들여다보고 거듭되는 질문을 던지며 확인하고 또 확인하는 과정을 거쳤다. 그 시간을 통해 예수의 역사적인 부활을 확신했으며, 더불어 그와 같이 나 또한 부활할 것을 확실히 믿고 있다.

혹시 좀 더 예수의 부활에 대해 알고 싶다면「예수는 역사다 The Case for Christ, 2017」라는 영화를 추천한다. 영화는 주인공이자 실존 인물인 리 스트로벨 Lee Patrick Strobel이 만든 작품이다.

그는 예일대 Yale University 로스쿨 law school 졸업 후 유력 일간지인 시카고 트리뷴 Chicago Tribune에서 활약하던 전도유망한 저널리스트 journalist였다. 아내가 헛된 종교의 가르침에 세뇌되었다고 여기면서 그것이 얼마나 허구인지를 밝혀내기 위해 성경을 보기 시작했고, 특히 부활을 면밀하게 조사하게 된다.

리 스트로벨은 거의 2년에 걸쳐 동료 기자부터 시작

해 성서학자, 신약학자, 심리학자 그리고 의학박사에 이르기까지 예수 부활의 신빙성에 대해 논의할 수 있는 각 분야의 최고 전문가들을 만나서 인터뷰했다.

그는 저널리스트로서의 습관을 따라 각 단계의 조사가 진행될 때마다 칠판에 핵심 질문을 적었는데, 그리스도의 부활을 부정하기 위해 그가 제기하는 질문은 대략 네 가지였다.

첫째는 성경 사본의 신뢰성, 둘째는 성서 기록의 정확도, 셋째는 부활 목격의 현실성, 마지막은 부활 여부의 확실성이다.

과연 어떤 결과가 나왔을까?

그는 자신이 직접 수행한 조사를 끝내고 난 후 항복을 선언한다. 그가 확인한 사실들과 전문가들의 의견이 모두 그리스도의 부활을 방증傍證하고 있었기 때문이다. 영화를 보면 스트로벨이 가졌던 부활의 질문들에 대한 답을 찾을 수가 있을 것이다.

여기서 깊이 생각해야 할 것이 있다. 성경에 나타난 교회의 시작은 어떤 깨달음이나 교훈, 종교적인 신념으로 된 것이 아니라는 사실이다.

대부분 종교가 깨달음이나 각성, 영적인 환상이나 계시 등에 의해서 생겼다면, 참된 기독교는 예수 그리스도의 실제적이고 역사적인 죽음과 부활의 사건, 그 사실 위에 세워졌다는 것이다.

예수는 하나님이신 하나님의 아들로서 이 세상에 인간으로 오셨다. 그리고 우리를 위해 십자가에서 죽으시고 부활하신 분이다.

예수께서 세례를 받으시고
곧 물에서 올라오실새 하늘이 열리고
하나님의 성령이 비둘기 같이 내려
자기 위에 임하심을 보시더니

하늘로부터 소리가 있어 말씀하시되
이는 내 사랑하는 아들이요
내 기뻐하는 자라 하시니라

- 마 3:16~17 -

## 05. **공의와 사랑의 연결**

얼핏 이런 생각을 할 수가 있다.

'아니, 하나님이 인간의 죄를 씻고 구원하는 일이 이렇게 복잡하고 긴 과정이 필요한가? 그냥 능력의 하나님이 원하는 대로 다 죄를 사하고 구원하면 되는 것 아닌가?'

맞는 말이다. 그런데 성경을 읽다 보면 하나님은 두 가지의 중요한 속성을 가진 분이라는 것을 알 수가 있다.

물론 성경에도 나와 있지만, 하나님을 떠올릴 때마다 하나님은 당연히 그런 분이어야 한다고 생각할 것이다. 하나님은 공의로운 분이며, 또한 완전한 사랑을 가진 분이라고 말이다.

당연히 하나님은 공의로운 분이다. 그러니 한 번 하신 약속은 지켜야 하고, 세운 법은 공정하게 집행해야 할 것이다.

요즈음 더더욱 세상의 리더들에게 원하는 것이 공의

와 공정이 아닌가? 법은 모든 사람에게 공평하게 적용돼야 하고, 죄를 지은 사람은 반드시 심판받고 합당한 처벌을 받아야 공의로운 것이다.

그렇다면 하나님의 공의에 의해 죄를 지은 인간은 반드시 심판받고 죽음의 형벌을 받는 것이 옳다. 잘못된 것을 처벌하는 것은 공의로운 것이기에 그렇다.

그런데 하나님은 사랑이시다. 용서하고 자비를 베푸는 분이라는 뜻이다.

자! 그런데 문제가 있다. 공의에 따르면 죄지은 인간은 다 죽게 해야 하는데, 그러면 사랑에 문제가 생기고 만다. 또 사랑한다고 그냥 죄를 묵과하고 살려주는 것은 공의에 어긋나게 된다.

세상에서도 공의와 사랑이 함께 가기가 참 어렵지 않은가? 공의를 따르자니 사랑이 울고, 사랑을 따르자니 공의가 무너지니 말이다.

우리가 가정에서부터 그리고 많은 인간관계에서 항상 느끼는 갈등이 바로 이것이다.

"공의를 적용할 것이냐, 사랑을 따라갈 것이냐?"

이런 이야기가 있다.

어느 나라에 도둑이 들끓어서 왕이 엄하게 명령을 내렸다. 당분간 도둑질하다가 잡힌 사람은 두 눈을 뽑겠다고 말이다. 그런데 어느 날, 왕의 아들이 도둑질하다가 잡혀서 끌려오는 사건이 발생한다.

 왕은 잠 못 이루는 갈등에 빠지게 된다. 아들을 사랑하기에 왕의 권세로 그냥 풀어준다면 나라의 공의가 송두리째 무너지는 것이고, 아들의 두 눈을 뽑자니 부모의 사랑이 억장을 무너지게 했다. 결국 왕은 자신의 한 눈을 뽑고 아들의 한 눈을 뽑음으로 공의와 사랑을 같이 세웠다는 이야기다.

 하나님은 하나님이신 자신의 아들이 죄인을 위해 대신 죽어 죗값을 치르게 함으로 공의와 사랑이 동시에 살아나도록 하신 것이다.

 그런데 왜 꼭 이 일을 하나님의 아들이며 사람이신 예수가 해야만 했을까? 하나님은 왜 이 일을 위해서 창세 전부터 그 아들 예수를 선택하셨을까?

 죄 있는 사람이 죄 있는 사람을 위해 죽어봤자 죄를 대속할 수가 없다. 그러니 죄 없는 사람이 대신 죽어야 하는데 사람들 속에서는 찾을 수가 없었다. 오직 사람이 되신 하나님은 죄가 없으신 분이기에 그분이 죽는다면 속죄가 가능했다.

그런데 한 사람이 죽어서 한 사람의 죄는 대속할 수 있지만 한 사람이 죽어서 모든 사람의 죄를 영원히 사하려고 하면, 그만큼 온 인류를 포함할 만한 퀄리티$^{quality}$를 가져야만 한다. 세상 누구도 감당할 수 없지만, 사람이 되신 하나님이면 가능하다.

이런 이유로 완전한 하나님이며 완전한 사람이신 예수가 죽어서 단번에 모든 사람의 죄를 영원히 사할 수 있게 된 것이다.

> 하물며 영원하신 성령으로 말미암아 흠 없는 자기를 하나님께 드린 그리스도의 피가 어찌 너희 양심을 죽은 행실에서 깨끗하게 하고 살아 계신 하나님을 섬기게 하지 못하겠느냐 (히 9:14)

예수 그리스도는 인간의 죄를 속량할 수 있는 모든 필요충분한 조건을 갖췄다. 천상천하에서 오직 그만이 유일하게 말이다. 인간의 죄를 해결하는 가장 완전한 백신이며, 치료제이다.

그래서 하나님은 예수 그리스도를 창세 전에 준비하시고, 때가 되매 인간으로 세상에 보내셨다.

> [4]때가 차매 하나님이 그 아들을 보내사 여자에게서 나게 하시고 율법 아래에 나게 하신 것은 [5]율법 아래에 있는 자들을 속량하시고 우리로 아들의 명분을 얻게 하려 하심이라 (갈 4:4~5)

완전한 하나님이며 완전한 인간이 되신 예수 그리스도가 사람들의 죄를 지고 대신 죽음으로 죄를 사하신 것은 하나님의 완벽한 지혜이자 놀라운 묘수다. 그래서 예수의 십자가를 하나님의 최고 지혜와 능력이라고 이야기한다.

> [22]유대인은 표적을 구하고 헬라인은 지혜를 찾으나 [23]우리는 십자가에 못 박힌 그리스도를 전하니 유대인에게는 거리끼는 것이요 이방인에게는 미련한 것이로되 [24]오직 부르심을 받은 자들에게는 유대인

이나 헬라인이나 그리스도는 하나님의 능력이요 하나님의 지혜니라 (고전 1:22~24)

예수의 십자가는 하나님의 모든 능력과 지혜가 집결한 것이며 완벽한 구원이 이루어지는 길이라고 말한다.

다시 한번 깊이 생각해보자.

예수는 세상에 머물며 아름다운 교훈과 천상의 말씀들을 많이 전하셨다. 그런데 그것으로 사람들이 변화를 받고 의롭게 되어 구원이 이루어졌다면, 결코 십자가에서 죽는 일은 없었을 것이다. 교훈이 아무리 좋고 아름다워도 그것으로 인간은 절대 구원받을 수가 없기 때문이다.

사실 구약부터 신약까지 주어진 모든 법과 교훈들은 우리의 실상을 비추는 거울과 같은 역할일 뿐이다. 거울은 더러운 것이 묻어 있는 것을 보게 하지만, 정작 씻기 위해 가야 할 곳은 따로 있다.

바로 십자가에서 흘려주신 예수의 '언약의 피'다.

구약에 보면 하나님은 엄청나게 많은 율법과 규례들을 주셨는데, 더불어 제사 제도 또한 주셨다.

만약에 율법과 규례들만 주셨다면 아무도 완벽하게 지켜서 살아갈 수가 없고 항상 심판만 이뤄지는 지옥 같은 나라가 되었을 것이다. 그런데 하나님은 짐승이 죽고 피를 흘리는 제사를 통해서 죄를 용서받고, 하나님과의 관계를 새롭게 할 수 있는 길을 열어 주셨다. 이 제사의 실체가 바로 예수 그리스도의 십자가이고, 그곳에서 모든 제사가 완성된 것이다.

이렇듯 성경의 모든 법과 교훈들은 우리의 실상을 보는 거울이 되고, 그것을 통해서 예수의 십자가로 가게 하는 인도자 역할을 한다. 이 사실을 성경은 분명하고 확실하게 말한다.

> 이같이 율법이 우리를 그리스도께로 인도하는 초등교사가 되어 우리로 하여금 믿음으로 말미암아 의롭다 함을 얻게 하려 함이라 (갈 3:24)

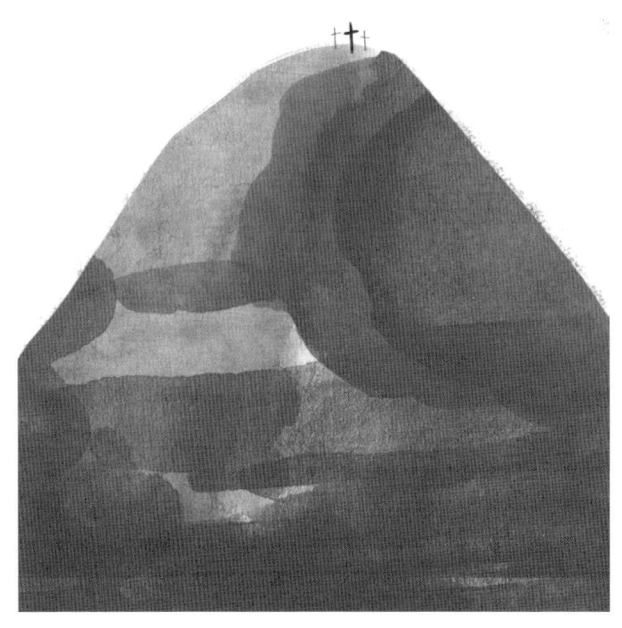

공의와 사랑의 연결

## 06. **연결의 원리**
## 'Acceptant of acceptant!'

지금까지 내가 성경을 연구하고 깊이 묵상하면서 깨달은 구원의 내용을 바탕으로 핵심 사항을 정리했다.

그런데 성경 속 인물 중에 내가 정말 하고 싶은 얘기를 미리 기록한 사람이 있다.

바로 바울이다.

> ¹형제들아 내가 너희에게 전한 복음을 너희에게 알게 하노니 이는 너희가 받은 것이요 또 그 가운데 선 것이라 ²너희가 만일 내가 전한 그 말을 굳게 지키고 헛되이 믿지 아니하였으면 그로 말미암아 구원을 받으리라 ³내가 받은 것을 먼저 너희에게 전하였노니 이는 성경대로 그리스도께서 우리 죄를 위하여 죽으시고 ⁴장사 지낸 바 되셨다가 성경대로 사흘 만에 다시 살아나사 (고전 15:1~4)

바울은 자신이 쓴 글을 받은 사람들에게 자신이 전한 그 말을 굳게 지키고 헛되이 믿지 않는다면 그로 말미암아 반드시 구원을 받는다고 말한다. 내가 하고 싶은 말 그대로다!

그런데 바울이 쓴 내용은 자신이 한 말이 아니라 바울 자신도 받은 말을 전하는 것임을 밝힌다. 즉 바울 자신도 그 말을 받고 제대로 믿어 구원을 받았다는 것이다.

그가 받은 말은 성경대로 예수께서 우리 죄를 위해 죽으시고 무덤에 들어가셨다가 사흘 만에 부활했다는 사실이었다.

바울은 부활하신 예수를 직접 만났던 사람이다. 예수의 부활을 직접 본 사람들과 교제하면서 그들의 부활 체험을 공유하기까지 했다. 그런데도 바울은 왜 "성경대로"를 두 번이나 강조했을까?

이는 앞서 살펴본 것처럼 하나님이 이미 창세 전에 계획하셨고 구약성경에 써놓은 대로 예수가 죽고 부활했다는 사실을 강조하기 위해서다.

사실 나는 예수가 나를 위해 죽으셨고, 또 부활하신 모습을 직접 보지는 못했다.

그런데 이 부활 사건이 구약성경부터 적혀 있고 그것이 때가 되어 예수를 통해 이뤄졌음을 신약성경을 읽고 연구하면서 알게 됐다.

이렇듯 예수의 죽음과 부활은 역사 속에서 단 한 번 일어난 사건이지만, 성경의 기록을 통해서 시간과 공간을 초월해 모든 사람에게 전달됐다. 성경을 통해서 연결된 것이다.

예수의 제자로 예수를 따랐으나 끝까지 예수가 하나님의 아들이요 구원자요 부활하게 될 것을 믿지 못하던 제자가 있다. 바로 도마이다.

이 도마가 예수의 부활을 직접 보고 나서야 이렇게 고백했다.

> 도마가 대답하여 이르되 나의 주님이시요 나의 하나님이시니이다 (요 20:28)

한 인간을 앞에 두고 그가 진정으로 자신의 구원자이며 자신의 하나님이라고 고백한 것이다.

그러자 예수께서 말씀하셨다.

> 예수께서 이르시되 너는 나를 본 고로 믿느냐 보지 못하고 믿는 자들은 복되도다 하시니라 (요 20:29)

어떻게 보지 못하고 믿는 자들이 생기고 그들이 복을 받는다는 것일까? 바로 뒤에 나오는 말씀 때문이다.

> ³⁰예수께서 제자들 앞에서 이 책에 기록되지 아니한 다른 표적도 많이 행하셨으나 ³¹오직 이것을 기록함은 너희로 예수께서 하나님의 아들 그리스도이심을 믿게 하려 함이요 또 너희로 믿고 그 이름을 힘입어 생명을 얻게 하려 함이니라 (요 20:30~31)

성경의 기록을 통해서 우리가 시간과 공간을 넘어 예수 그리스도의 십자가에서 죽으심과 부활을 믿을 수 있고 구원을 받을 수 있다는 것이다.

바울은 그가 평생 연구하고 거의 암송하다시피 하는 구약성경의 내용이 모두 예수의 죽으심과 부활 그리고 그것을 통해 알게 되는 우리를 향한 하나님의 사랑과 구원이었다는 사실을 뒤늦게 깨달았다.

그래서 이 사실을 헛되이 믿지 않고 진실하게 믿는다면 구원을 얻게 되리라고 말하는 것이다.

나 역시 예수의 예언처럼 보지 못하고 믿는 자, 성경에 기록된 사건을 보고 믿는 자의 복을 받았다.

그렇다면 헛되이 믿지 않고 진실하고 바르게 믿는다는 것은 무엇일까?

요한복음에는 성경 중의 성경, 작은 성경이라고 불리는 말씀이 나온다.

> 하나님이 세상을 이처럼 사랑하사 독생자를 주셨으니 이는 그를 믿는 자마다 멸망하지 않고 영생을 얻게 하려 하심이라 (요 3:16)

> 영접하는 자 곧 그 이름을 믿는 자들에게는 하나님의 자녀가 되는 권세를 주셨으니 (요 1:12)

믿는다는 것을 영접하는 것으로 말씀하고 있는데, 영접한다는 것은 그대로 받아들이는 것을 의미한다.

다시 말해 하나님이 세상을 너무 사랑하셔서 그 사랑의 결정체로 독생자 예수를 주셨는데, 그 예수를 우리의 마음과 삶의 중심에 그대로 받아들이면 영생을 얻게 된다는 뜻이다.

나는 아내를 중매로 만나 교제하면서 서로 사랑에 빠졌다. 눈에 보이지 않는 사랑이지만 진심으로 사랑을 느끼고 확인하면서 서로의 사랑을 받아들였다. 내가 청혼하자 아내는 기쁘게 수락했고, 결혼 후 서로를 받아 생명이 생기고 자녀를 낳았다. 눈에 보이지도 않는 사랑이 이렇게 생명의 열매를 맺고 생명으로 연결됐다는 사실이 여전히 신기하고 감동으로 다가온다.

마찬가지다. 우리는 성경을 통해 눈에 보이진 않지만 하나님의 사랑을 받아들이고, 그 하나님의 사랑의 실체인 예수 그리스도의 날 위한 죽으심과 부활하심을 받아들이게 된다. 그럴 때 우리 속에 하나님의 자녀 되는 생명이 잉태되어 출산하게 되는 것이다. 이것을 거듭났다고 말한다.

"나는 거듭난 신자다."라고 고백하는 이들이 바로 이런 사람들이다.

거듭났다는 말이 어렵게 들리는가? 전혀 그렇지 않다. 절대 어렵지 않다.

창문을 열고 커튼을 걷으면 햇살과 바람이 들어오는 것처럼 우리가 마음의 문을 활짝 열면 하나님의 사랑이 들어온다. 우리가 스마트폰을 켜고 필요한 앱을 열면 순식간에 많은 정보와 영상이 쏟아져 들어온다.

모든 것은 이렇게 열고 받아들임을 통해서 이뤄진다. 그래서 어떤 사람은 믿음을 한 마디로 이렇게 표현했다.

'Acceptant of acceptant!'

하나님은 죄인 된 우리를 예수 그리스도의 보혈로 용서하시고 사랑으로 받아들이는 분이란 사실을 받아들이면 된다는 것이다. 우리를 받아들여 주심을 받아들이는 것이 바로 믿음의 핵심이다.

모든 연결은 서로 받아들임으로 이뤄지는 것 아닌가? 소켓이 플러그를 받아들이고 플러그는 소켓을 통해 전기를 받아들일 때 연결이 이뤄지는 것처럼 말이다.

하나님이 우리를 받아 주시는 이 놀라운 은혜와 사랑을 그대로 받아들이면 놀라운 일이 일어난다.

¹²영접하는 자 곧 그 이름을 믿는 자들에게는 하나님의 자녀가 되는 권세를 주셨으니 ¹³이는 혈통으로나 육정으로나 사람의 뜻으로 나지 아니하고 오직 하나님께로부터 난 자들이니라 (요. 1:12~13)

하나님의 사랑을 영접하고 받아들이면 하나님의 자녀가 된다. 어머니가 살을 찢고 피를 흘리면서 우리를 태어나게 했듯이 예수가 십자가에서 살을 찢고 피를 흘려주심으로 우리가 하나님으로부터 나게 하는 '거듭남'을 통해 영적으로 하나님의 자녀가 되게 하셨다.

앞서 언급한 대로 창세 전에 하나님이 계획하신 예수 그리스도 안에서 우리를 택하사 자녀 삼으신 계획이 그대로 성취된 것이다.

거듭 말하지만 하나님의 합당한 자녀로, 우리를 거룩하고 흠이 없는 존재로 만들기 위해 예수의 약속된 피로 우리를 깨끗하게 하셨고 그 피로 씻겨진 우리의 죄를 결코 다시 기억하지 않으신다.

내가 그들의 불의를 긍휼히 여기고 그들의 죄를

다시 기억하지 아니하리라 하셨느니라 (히 8:12)

그렇기에 예수를 제대로 믿는 사람이 죽은 다음 그들의 과거가 필름을 되감기한 것처럼 돌아가는 일은 결단코 없을 것이다. 하나님은 기억하지 않으신다고 하면 절대로 기억하지 않는 분이기 때문이다. 예수를 영접한 사람에게는 이미 심판이 없다.

아래의 말씀을 읽으며 '심판'에 밑줄을 그어보자.

> 내가 진실로 진실로 너희에게 이르노니 내 말을 듣고 또 나 보내신 이를 믿는 자는 영생을 얻었고 심판에 이르지 아니하나니 사망에서 생명으로 옮겼느니라 (요 5:24)

여기서 중요한 사실은 하나님의 자녀가 되는 것은 한 번에 이뤄지는 일이고, 이 연결은 결코 취소되거나 번복되지 않는다는 것이다.

> [28]내가 그들에게 영생을 주노니 영원히 멸망하지 아

니할 것이요 또 그들을 내 손에서 빼앗을 자가 없
느니라 ²⁹그들을 주신 내 아버지는 만물보다 크시
매 아무도 아버지 손에서 빼앗을 수 없느니라

(요 10:28~29)

우리를 구원하신 하나님의 손은 만유보다 크시고 어떤 강한 힘과도 비교할 수 없는 가장 강한 힘이기에 결코 취소될 수 없다.

만약 내가 하나님을 붙잡았다고 한다면 내가 불완전한 만큼 나의 구원도 불완전할 것이다. 상황에 따라 구원이 이루어졌다 취소되었다를 반복할 것이다.

그러나 창세 전부터 구원을 계획하시고, 시작하시고, 이루신 분은 바로 하나님이기에 나의 구원은 하나님의 완전하심으로 인해 완전해진다.

이 완전한 구원을 얻은 사람의 확신과 고백이 이렇게 기록돼있다.

³⁸내가 확신하노니 사망이나 생명이나 천사들이나
권세자들이나 현재 일이나 장래 일이나 능력이나

³⁹높음이나 깊음이나 다른 어떤 피조물이라도 우리를 우리 주 그리스도 예수 안에 있는 하나님의 사랑에서 끊을 수 없으리라 (롬 8:38~39)

'끊을 수 없는 사랑' 그야말로 진정한 'Endless Love'가 여기에 있다. 우리를 붙잡은 하나님의 사랑은 절대 끊을 수가 없는데, 그중에서 가장 먼저 나오는 것이 '사망'이다. 우리에게 임한 하나님의 사랑은 사망도 끊을 수가 없다고 말한다.

이 세상의 모든 연결은 죽음이 오면 다 끊어지기에 인류 역사에서 죽음을 이기는 강한 것은 하나도 없었다. 수많은 영웅호걸과 권세자들, 유명인, 최고의 지식인, 절세 미녀 등 내로라하는 사람 모두 죽음에 삼켜졌다.

그러나 이 죽음을 이기는 더 강한 능력이 하나 있다. 죽음을 죽이는 힘! 바로 하나님의 사랑이다.

하나님이 예수 그리스도를 통해서 이루신 사랑의 연결은 영원토록 결코 끊어질 수 없다. 또한 죄인을 자녀 삼아 하늘 가족으로 올려주신 사랑의 높이는 너무 높아서 어떤 높은 것도 끊을 수 없다고 고백한다.

사랑은 사랑하는 대상을 높여주고 존귀하게 만들어 주는 것이 당연하다.

하나님 사랑의 깊이는 어떤가?

나 같은 죄인을 위해 인간이 되시고 내 죄 때문에 죽음의 자리까지 내려가신 하나님의 사랑은 너무도 깊어서 그 어떠한 깊음도 끊을 수 없다고 한다.

진정한 사랑에는 깊은 희생과 헌신이 있기 마련이다.

성경은 우리가 바로 이렇게 놀랍고도 놀라운 하나님의 사랑을 받은 자라고 알려준다.

> 보라 아버지께서 어떠한 사랑을 우리에게 베푸사
> 하나님의 자녀라 일컬음을 받게 하셨는가, 우리가
> 그러하도다… (요일 3:1)

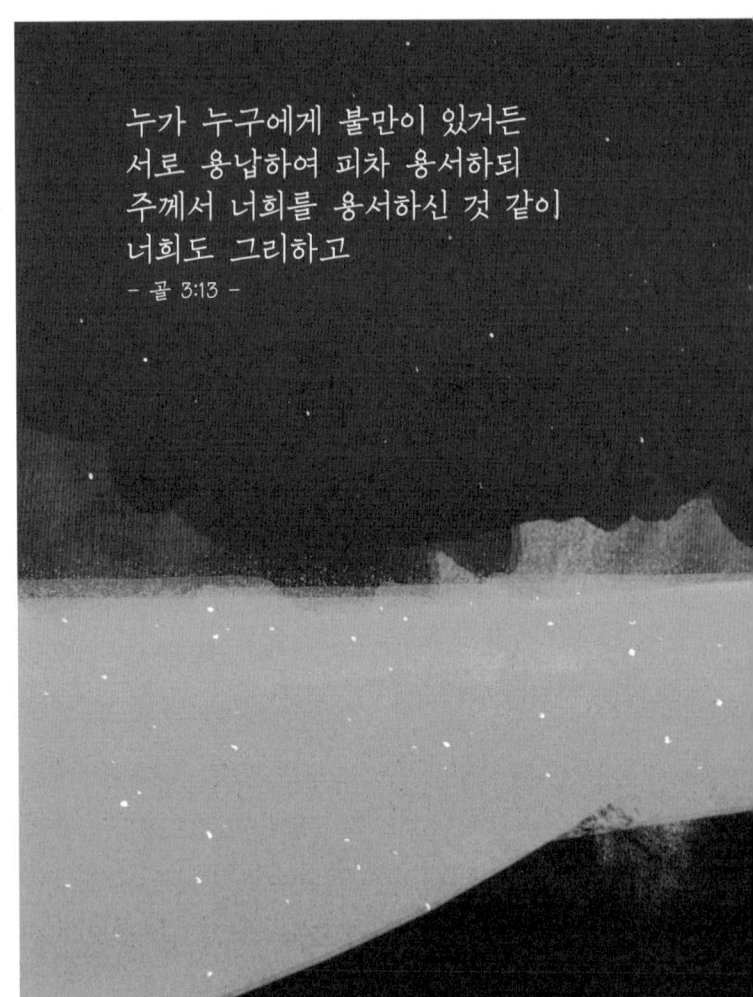

## 07. **연결의 능력**

'우리가 그러하도다!'

나는 '내가 그러하도다.'라고 늘 생각하며 살아간다. 이것이 나의 정체성이다. 내가 인생에서 어려운 일을 만나거나 의문이 생길 때마다 곧장 달려가는 곳이 있다. 바로 예수의 십자가이다.

십자가는 두 선이 만나 이루어지는 것처럼 나와 하나님이 항상 만날 수 있는 곳이라 여기기 때문이다. 구약의 성막과 같은 곳이다.

구약시대 때 하나님의 백성은 항상 성막을 중심으로 이동하고 살면서 거기서 하나님을 만나고 대화하며 모든 문제를 풀어나갔다.

나 역시 늘 하나님의 사랑을 묵상하면서 그 사랑의 결정체인 예수의 십자가 앞에 나아가 인생의 답을 얻으려고 한다.

살다 보면 어떤 사람이 극도로 미울 때가 있다. 미움과 분노가 나를 사로잡아 마음과 삶이 온통 황폐할 때가 있다. 미워하는 사람을 가둔 내 마음이 감옥이 되어 거기서 빠져나오지 못한다.

그럴 때마다 그 마음을 그대로 가지고 십자가로 나아가 십자가에 연결하고 묵상한다. 그러면 어느새 연결된 십자가에서 흘러나오는 하나님의 용서와 사랑이 나를 풍성히 채우신다. 이 십자가의 용서와 사랑이 내 속에서 강물을 이루면 아예 누구를 미워할 권리가 없음을 느끼게 된다.

'용서하라. 사랑하라. 심지어 원수까지도 사랑하라.'라는 성경의 가르침은 삶으로 실천하기가 너무나 어렵고 힘들다. 그래서 이 부분만 강조하면 그것은 율법이고 종교에 지나지 않을뿐더러 너무나 무거운 짐이 되고 만다.

하지만 성경에 나타난 참 복음은 다르다.

> 내 계명은 곧 내가 너희를 사랑한 것 같이 너희도 서로 사랑하라 하는 이것이니라 (요. 15:12)

누가 누구에게 불만이 있거든 서로 용납하여 피차 용서하되 주께서 너희를 용서하신 것 같이 너희도 그리하고 (골 3:13)

그냥 율법으로 주신 명령이 아니라는 말이다. 날 용서하시고 사랑하신 그 크고 놀라운 하나님의 용서와 사랑으로 하라는 말씀이다.

'내가 너희를 사랑한 것 같이! 주께서 너희를 용서하신 것 같이!'

이것이 성경이 말하는 진짜 복음이다.

그래서 미움이 사랑에 떠내려가도록 십자가의 사랑 앞에 오래 앉아 있을 때가 많다.

정말 억울한 일을 당해 분노가 화산처럼 폭발하고 잠 못 이루는 때도 있다. 그럴 때는 그냥 십자가 앞에 가만히 엎드려 본다.

생각해 보면 십자가는 이 세상에서 가장 억울한 곳이다. 죄가 하나도 없으신 하나님의 아들이 모든 사람의 죄를 대신 지고, 가장 극악한 죄인으로 죽은 곳이기에 그렇다. 땅은 신성하다고 하여 하나님의 저주받은 자라는 존재로 십자가에 매달려 죽임을 당했다.

지구상에 이렇게 억울한 일이 어디 또 있겠는가?

어떤 억울함을 그 앞에 견줄 수 있겠는가?

이 세상에 존재하는 모든 억울함을 다 삼켜버릴 억울함이 십자가에 있다.

십자가를 깊이 묵상하면 나의 모든 억울함이 내 속에서 전혀 힘을 쓰지 못하는 것을 느낀다. 억울함을 억지로 참고 한으로 품는 것이 아니라 억울함이 십자가 사랑으로 소멸되는 것을 항상 경험하게 된다.

때때로 너무나 많은 모순과 이해할 수 없는 일들을 보면서 절망할 때가 있다.

'도대체 하나님이 계시긴 한 거야? 계신다면 이럴 수가 있나?' 하는 모순된 일들이 너무 많은 것을 발견한다.

그런데 십자가를 생각하면 세상에 이보다 큰 모순은 없음을 이내 깨닫게 된다.

인간을 만드신 우주보다도 더 크신 하나님이 자신이 만드신 인간에 의해 죽임을 당했다. 너무나 모욕적이고 부끄럽게 조롱받으며 죽임당했다.

이런 모순이 세상 어디에 또 있을까?

이해하지 못하는 삶의 여러 모순을 가지고 나갈 때 십자가는 그 모든 모순을 다 흡수해 버리는 것을 매번 경험한다.

물론 십자가에 나타난 억울함과 모순은 한계가 있는 인간으로서 다 이해하기 어렵다. 이렇게 이해하기 어려운 십자가는 그만큼 나를 향한 하나님의 사랑 역시 이해하기 어렵고 측량 불가한 사랑이라는 것을 다시금 깨닫게 만든다.

성경에는 수많은 하나님의 능력과 그로 인한 기적이 기록돼있다. 그 때문에 성경에서 신화적인 요소들을 다 제하는 '비신화화'를 해야 하고 아름답고 좋은 교훈만을 남겨야 한다는 주장이 있을 정도다.

나는 하나님이라면 능력과 기적을 당연히 행해야 한다고 생각한다. 물 위를 걷고, 불치병을 고치며, 오병이어의 기적으로 수천 명을 먹이고 심지어 죽은 사람도 살리는 기적을 확실히 믿는다.

그런데 이런 크신 능력 중에서 가장 큰 능력을 십자가

에서 발견하게 된다. 십자가에서 내려오지 않으신 능력 말이다.

사람들이 조롱했다.

"당신이 평소에 주장했던 것처럼 하나님의 아들이면 십자가에서 자신을 구원하고 내려오시오."

물론 예수님은 열두 군단의 천사들을 동원해서 그들을 쓸어버릴 수 있는 능력을 갖추신 분이다. _마 26:53~54 참고

만약 예수가 정말 그렇게 하셨다면 우리의 구원은 다 날아가 버렸을 것이다. 그는 그저 '저들의 죄를 사해 달라.'며 기도하셨고, 사랑의 큰 능력으로 조롱과 모욕을 이겨내셨다.

나는 다른 무엇보다 이 사랑의 능력이 참 좋다. 모든 것을 이기는 힘이기에 그렇다.

> 그러나 이 모든 일에 우리를 사랑하시는 이로 말미암아 우리가 넉넉히 이기느니라 (롬 8:37)

진정한 사랑은 때로는 맹목적이고 모순적이다. 계산

할 수도, 측량할 수도, 이해할 수조차도 없다.

 자녀를 낳아 키우면서 이런 생각을 종종 했다. 자녀를 너무 사랑하기에 말도 안 되는 희생을 하고 때론 스스로 죄인이 되면서까지 자녀를 감싸주고 지키는 것이라고 말이다. 계산기를 두드린다면 도저히 이해할 수 없는 사랑을 자식에게는 기꺼이 베푸는 것이다.

 그러나 아무리 지고지순한 부모의 사랑이라도 십자가에 나타난 하나님의 사랑 앞에서는 아무것도 아님을 절실히 느낀다. 하나님의 사랑은 그 넓이와 깊이, 높이와 길이를 측량할 길이 전혀 없음을 늘 깨닫는다.

 십자가를 통해 하나님의 심정과 사랑에 연결하면 피로 주신 하나님의 강물 같은 은혜가 가슴에 흘러넘치고 삶으로 쏟아 들어오는 것을 생생히 느낀다.

 마치 건물마다 옥상에 설치된 물탱크를 통해 콸콸 흘러나오는 물을 사용하는 것처럼 하늘나라의 십자가 탱크에서 흘러나오는 하나님의 사랑과 은혜의 힘으로 하루하루를 살고자 기도한다.

 또한 나는 잠자리에 들 때마다 그 순간을 죽음을 연습하는 기회로 삼는다. 깊은 잠에 빠지면 의식이 끊어지고 아무것도 모르게 되는 것처럼, 어느 날 그렇게 죽음으로 들어갈 순간이 오리라 생각한다.

그런 죽음의 순간을 진짜 맞이한다면 '죽음의 강을 건너가 영원으로 들어가기 위해 내가 정말 붙잡아야 할 것은 무엇인가?' 하고 자문해 본다.

예수 십자가를 상상하며 붙잡는다. 오직 이 사랑의 십자가만이 나를 죽음 건너 영원한 삶으로 싣고 가는 영혼의 우주선이라고 믿는다.

예수의 우편에 매달렸던 강도가 십자가에 달린 예수를 믿고 온전한 신앙을 고백했을 때, 예수는 이렇게 말했다.

> [42]이르되 예수여 당신의 나라에 임하실 때에 나를 기억하소서 하니 [43]예수께서 이르시되 내가 진실로 네게 이르노니 오늘 네가 나와 함께 낙원에 있으리라 하시니라 (눅 23:42~43)

홀로 침대에 누워 죽음을 생각하며 꺼져 가는 의식으로 어둠 속 예수의 십자가를 붙잡으면 "네가 나와 함께 낙원에 있으리라!" 하시는 음성이 들린다. 그때 더는 바랄 게 없는 평안함이 밀려오고 깊은 잠에 빠지게 된다. 다음 날 눈 뜨면 밝아 오는 아침을 맞는 것처럼 밝고 환한 천국에서도 그렇게 눈뜨게 될 것을 믿으며 편안히 잘 수 있게 된다.

문득 서정주 시인의 「국화 옆에서」가 떠오른다.
가을에 아름다운 생명의 국화꽃을 피우기 위해 봄부터 소쩍새가 울었고, 밤새 먹구름 속에서는 천둥이 울었다고 노래한다.
당신의 영혼과 삶 속에 하나님의 고귀하고 아름다운 사랑의 꽃이 피어나고 영생의 열매를 맺을 수만 있다면 기꺼이 소쩍새가 되고 천둥이 되고 싶다고 생각해본다.

당신이 잘 연결될 수 있길 바라며!

이르되 예수여 당신의 나라에 임하실 때에
나를 기억하소서 하니

예수께서 이르시되
내가 진실로 네게 이르노니
오늘 네가 나와 함께 낙원에 있으리라 하시니라

- 눅 23:42~43 -

## 08. 빗나간 연결

유대인들은 이상하게도 아직 예수를 메시아로 인정하고 받아들이지 않는다. 하나님의 계획에 따라 예수가 유대인의 혈통으로 유대 땅에 오셨음에도 유대인 대부분은 아직도 예수를 배척하고 있다.

하나님이 보내시는 메시아라고 하면 엄청난 권능과 지혜를 갖추고 모두가 상식적으로 납득할 만한 모습으로 오시리라고 여겼기 때문일 터다.

그러나 구약시대의 선지자 이사야는 메시아를 이렇게 예언했다.

> [4]그는 실로 우리의 질고를 지고 우리의 슬픔을 당하였거늘 우리는 생각하기를 그는 징벌을 받아 하나님께 맞으며 고난을 당한다 하였노라 [5]그가 찔림은 우리의 허물 때문이요 그가 상함은 우리의 죄

악 때문이라 그가 징계를 받으므로 우리는 평화를 누리고 그가 채찍에 맞으므로 우리는 나음을 받았도다 ⁶우리는 다 양 같아서 그릇 행하여 각기 제 길로 갔거늘 여호와께서는 우리 모두의 죄악을 그에게 담당시키셨도다 (사 53:4~6)

이런 예언의 말씀에도 불구하고 '어떻게 하나님이 보내신 메시아가 사람에게 멸시받는 존재가 되고, 심지어는 고난을 받고 찔림 당하며 상하고 채찍에 맞아 수모를 당할 수 있는가?' 하며 의문을 품는 것 같다.

사실 이 말씀을 예수에게 적용해 보면 그대로 이루어진 말씀이 분명한데도 그들은 도저히 인간적으로 그런 개념의 메시아를 받아들일 수 없는 것이다.

바울도 예수를 만나기 전에는 유대인으로서 구약성서를 읽으며 열심히 종교 생활을 했지만, 수건으로 눈을 가린 것처럼 말씀을 제대로 깨달을 수가 없었다.

다메섹에서 부활하신 예수를 제대로 만나고 나서야 비로소 새롭게 눈이 뜨였다.

> 즉시 사울의 눈에서 비늘 같은 것이 벗어져 다시 보게 된지라… (행 9:18)

부활하신 예수를 만나자 그동안 눈을 가렸던 비늘 같은 것이 다 벗겨졌다. 그러자 아직도 눈에 비늘이 가려져 예수를 제대로 보지 못하는 자신의 동족 유대인들에게 너무나 안타까운 마음이 들었다. 그 마음을 이렇게 강렬히 표현하고 있다.

> ¹형제들아 내 마음에 원하는 바와 하나님께 구하는 바는 이스라엘을 위함이니 곧 그들로 구원을 받게 함이라 ²내가 증언하노니 그들이 하나님께 열심이 있으나 올바른 지식을 따른 것이 아니니라 ³하나님의 의를 모르고 자기 의를 세우려고 힘써 하나님의 의에 복종하지 아니하였느니라 (롬 10:1~3)

바울이 간절히 원했던 것은 자기 동족인 유대인들도 모두 구원받는 것이었다. 이 말은 곧 유대인들의 구원에는 문제가 있다는 사실을 방증하는 셈이기도 하다.

"내가 증언하노니"

이렇게 말할 수 있는 것은 바울도 그렇게 똑같이 살았기에 그처럼 증언할 수 있다는 말이다.

"그들이 하나님께 열심이 있으나"

그렇다. 하나님을 향한 열심은 이 세상 모든 종교인 중에서 유대인을 능가하기 어렵다.

물론 세상에 존재하는 모든 종교는 그 나름대로 섬기는 신과 규율에 관해 최고의 열심을 갖고 있다.

바울도 그렇게 하나님에 대한 극도의 열심으로 율법과 규례, 종교적 지침들을 생명처럼 지키며 살았다. 그런데 여기서 문제가 하나 발생한다.

"올바른 지식을 따른 것이 아니니라"

이 무슨 힘 빠지는 말인가?

그렇게 죽으라 열심히 하나님을 섬기며 살아가는 종교인들에게 돌 맞을 얘기가 아닌가? 실제로 바울은 과거 동료였던 유대인들에게 돌을 여러 번 맞고 죽을 뻔한 순간이 있었다.

결국 이 말씀은 아무리 열심히 뛰어도 올바른 방향을 향해 가지 않으니 열심히 뛰면 뛸수록 점점 더 구원에서 멀어진다는 얘기다.

바울은 계속해서 정곡을 찌르고 골수를 쪼개는 핵심을 말한다.

"하나님의 의를 모르고 자기 의를 세우려고"

자, 지금까지 이 책을 잘 읽어 기초적인 지식을 쌓았다면 이 말을 아주 쉽게 이해하리라 생각한다.

우리가 원래 죄인이기에 스스로 아무리 자기 의를 세우려고 해도 완전한 의를 행할 수 없다는 것을 하나님은 이미 아셨다. 그래서 의롭게 되는 길을 하나님이 직접 만들어 놓으셨다. 바로 예수 그리스도의 십자가를 통한 속죄의 의로 말이다.

그런데 이렇게 예수를 통해 만들어 놓으신 의의 길을 전혀 모르기에 그들은 계속해서 자기 의를 쌓아 의롭게 되려고 하는 것이다. 이것이 세상 대부분 종교가 하는 방법이다. 결국 어떤 결과가 나타나는가?

"힘써 하나님의 의에 복종하지 아니하였느니라"

너무나 어처구니없는 일이 아닌가?

자신의 의를 세우려다 보니 하나님이 우리를 사랑해서 만들어 주신 하나님의 의를 애써 복종하지 않는 결과를 낳고 말았다. 다시 말해 하나님이 자신의 아들을 주시기까지 이뤄 주신 '의'를 힘써 발로 차고 짓밟아 버리는 것이다. 하나님께 열심히 한다고 하는 행동이 오히려 하나님의 열심을 힘써 거절하는 셈이니 참 기가 막힐 노릇이다.

바울도 과거에는 '자기 의를 세우려고' 몸부림치면서 율법을 지키는 일에 목숨을 걸었고, 심지어는 예수 믿는 자들을 잡아서 죽이기까지 했다. '자기 의를 세우려고' 자살 폭탄 테러까지 서슴지 않는 극단주의 무슬림들도 이와 같다. 그렇게 해서 구원받을 수 있다는 망상에 빠졌기 때문이다.

자기 의를 세우려고 하나님이 만들어 주신 의를 거부하는 모습이 세상 종교들 속에 가득하다. 그러나 자기 의를 앞세워 구원받으려는 모든 시도는 결국 실패할 수밖에 없고, 그렇게 하다 잘 안되면 형식주의로 가거나 외식과 위선으로 치장한 이상한 종교가 되는 것이다.

이는 마치 우주선을 타지 않고 오직 높이뛰기와 달리기를 열심히 연습해서 스스로 달나라까지 갈 수 있다고 믿는 어리석음과도 같다. 만약 그런 사람이 한 사람이라도 생긴다면 자기 의를 세워서 구원받으려는 종교들을 나도 한번 믿어보려고 한다.

그런데 이런 잘못된 현상이 우리가 믿는 기독교라는 종교 안에서도 발생한다. 과거에도 있었고 지금도 있다.
그래서 온유하고 인격적인 성품으로 사랑을 강조하던 바울이 이런 심한 말을 쏟아 놓았다.

> [8]그러나 우리나 혹은 하늘로부터 온 천사라도 우리가 너희에게 전한 복음 외에 다른 복음을 전하면 저주를 받을지어다 [9]우리가 전에 말하였거니와 내가 지금 다시 말하노니 만일 누구든지 너희가 받은 것 외에 다른 복음을 전하면 저주를 받을지어다
>
> (갈 1:8~9)

바울이 이렇게 분개한 이유는 예수를 믿고 교회 안에 들어온 일부 유대인들의 주장 때문이었다. 그들은 구원받는 일에는 예수도 믿어야 하지만, 그것만으로는 안 되고 구약의 율법 또한 지켜야 한다고 주장했다. 한마디로

말해 제대로 된 구원을 얻으려면 예수도 믿고 율법을 지키고 선하게 살아야만 한다는 것이다.

얼핏 들으면 합당하고 아름답게 보이는 그럴듯한 말이다. 그런데 바울은 왜 이런 주장에 분노하며, 그런 복음을 전하면 천사라도 저주를 받아야 한다고 말했을까?

이유는 간단하다.

> 내가 하나님의 은혜를 폐하지 아니하노니 만일 의롭게 되는 것이 율법으로 말미암으면 그리스도께서 헛되이 죽으셨느니라 (갈 2:21)

만약 우리가 의로워지기 위해 예수도 믿어야 하고 어떤 선행을 더 해야만 완전히 이뤄진다면, 그만큼 예수의 죽음은 헛된 것이 되고 만다.

구원이 예수 믿는 것 50%와 율법을 지키고 선한 일을 하며 사는 것 50%로 이뤄진다면, 하나님이신 하나님의 아들이 인간까지 되셔서 십자가에서 고난받고 피 흘리신 대속의 효력이 50%밖에 안 된다는 뜻이다.

이것은 너무나 고귀한 예수의 피와 하나님의 사랑을

짓밟고 헛되게 만드는 일이다.

그래서 바울은 그렇게 마음 아파하며 강변한 것이다.

> 어리석도다 갈라디아 사람들아 예수 그리스도께서 십자가에 못 박히신 것이 너희 눈 앞에 밝히 보이거늘 누가 너희를 꾀더냐 (갈 3:1)

피를 토하듯이 열변하는 바울의 심정을 깊이 헤아려 보면 좋겠다.

만약 하나님이 구원의 길을 만드시고 이루신다면 그것은 이 세상에서 가장 완벽하고 완전한 길일 수밖에 없다. 만약 누군가 피카소가 그린 그림이 문제가 있다며 자신이 생각한 옳은 견해대로 뭔가를 덧칠한다거나 지워버린다면 어떻게 되겠는가?

구원받는 일에 예수를 제외하거나 약화하거나 심지어 그 외에 다른 것을 더한다면, 그것은 다 변질한 '다른 복음'이자 이단이라고 분명히 천명闡明한다.

다른 많은 종교와 기독교 안의 이단들은 구원을 얻으려면 어떤 특정한 의를 행해서 이뤄야 한다고 가르치면서 그것으로 교묘하게 사람을 억압하고 조종한다. 그것도 모자라 이를 통해 자신의 세력을 확장하고 이익 착취를 위한 수단으로 만드는 일이 얼마나 많은지 모른다.

중세의 변질한 기독교에서 극단적으로 드러난 문제가 바로 이런 것들이다. 십자군 전쟁에 나가서 싸우면 죄 씻음을 받고 구원을 얻을 수 있다든지, 심지어 헌금을 내는 순간 이미 죽은 사람의 영혼이 연옥$^{煉獄}$에서 천국으로 간다고 주장했던 것이다.

그 당시 성경은 소수의 몇몇 지도자들만 가질 수 있었다. 그러니 일반 신앙인들이 성경을 자신의 언어로 번역해서 제대로 읽고 연구한다는 것은 상상조차 할 수 없었다. 급기야 성경을 자국어로 번역하는 사람들을 화형$^{刑罰}$에 처하는 일까지 벌어졌다.

성경을 기초로 해서 세워진 종교가 오히려 성경의 진리를 막고 가리는 어처구니없는 일들이 벌어진 것이다. 성경의 참된 복음은 가려지고, 형식과 제도로 얼룩진 율법적인 가르침만이 난무했다.

중세를 암흑으로 만든 것은 다름 아닌 변질한 종교, 기독교였다.

사실 나는 종교를 좋아하지 않는다.

세상에 존재하는 종교들은 긍정적인 면도 있지만 부정적인 측면도 너무나 많다. 종교 때문에 사람들이 억압되고 갇히며, 민족과 나라들이 분쟁으로 갈라지고, 심지어 죽이고 전쟁까지 불사한다. 너무나 가슴 아픈 현실이다. 종교가 오히려 하나님의 사랑과 의롭게 하심을 힘써 복종하지 않도록 만들고 있다.

자기 의를 내세워 구원받겠다는 이런 열심이 너무나 잔혹하고 무서울 때가 많다. 사람들이 기독교를 종교의 범주에 넣는 것은 그대로 인정하지만, 나는 절대 종교적 기독교인이 되고 싶지는 않다. 종교의 무늬만 있는 기독교인이 되는 것은 거절한다. 그저 종교인이 아니라 하나님이 하신 일과 영원한 생명에 연결된 참 신앙인으로 살길 원한다.

내가 믿는 것은 하나님의 말씀이고 생명이며 구원이지 결코 종교 그 자체가 아니다.

로맨스와 불륜의 차이가 있다. 내가 하면 로맨스고 남이 하면 불륜이라는 '내로남불'을 말하는 것이 아니다. 어떤 사람과 어떻게 연결하느냐의 차이를 말한다.

신앙생활이 성경을 통해 자신을 보여주시는 참 하나님과의 로맨스가 되어야지, 인간이 만든 종교와 연결된 불륜이 되어서는 안 되지 않을까?

빗나간 연결이 되면 절대 안 될 일이다.

## 09. 바른 연결의 순서

 자, 여기까지 읽으면서 이런 의문이 생긴 사람이 있을 것이다.

 '성경을 너무 한쪽으로만 편협하게 보는 것 아닌가? 율법을 지키고 선한 일을 하면서 살아야 한다고 강조하면서 그렇지 않으면 결코 천국에 갈 수 없다는 말씀이 얼마나 많은데! 예수님을 모르고 죽은 사람들은 어떻게 하라는 말이야? 예수 믿는 사람들은 너무 독단적인 것 아닌가? 믿기만 하면 구원받는다고 하면서 삶이 형편없는 사람들이 얼마나 많은데! 나도 구원은 좋지만, 그런 사람이 구원받는다면 나는 정말 예수 믿고 싶지 않아!'

 먼저 이런 의문과 질문이 가득한 데도 이 페이지까지 읽었다는 것에 깊이 감사드리고 싶다.
 성경에 나오는 구원이 이뤄지는 연결 순서에 대해 정

리해보면 정답을 찾을 수 있으리라 여긴다.

이에 관해 확실히 정리한 내용을 소개하니 스스로 답을 생각해 보길 바란다.

> [4]긍휼이 풍성하신 하나님이 우리를 사랑하신 그 큰 사랑을 인하여 [5]허물로 죽은 우리를 그리스도와 함께 살리셨고 (너희는 은혜로 구원을 받은 것이라) [6]또 함께 일으키사 그리스도 예수 안에서 함께 하늘에 앉히시니 [7]이는 그리스도 예수 안에서 우리에게 자비하심으로써 그 은혜의 지극히 풍성함을 오는 여러 세대에 나타내려 하심이라 [8]너희는 그 은혜에 의하여 믿음으로 말미암아 구원을 받았으니 이것은 너희에게서 난 것이 아니요 하나님의 선물이라 [9]행위에서 난 것이 아니니 이는 누구든지 자랑하지 못하게 함이라 [10]우리는 그가 만드신 바라 그리스도 예수 안에서 선한 일을 위하여 지으심을 받은 자니 이 일은 하나님이 전에 예비하사 우리로 그 가운데서 행하게 하려 하심이니라 (엡 2:4~10)

내용이 조금 길어 보이지만 주요 단어 몇 개를 먼저 뽑아보면 간단해진다.

'은혜, 믿음, 구원, 선한 일'

이 단어들에 한번 동그라미를 쳐 봐도 좋을듯하다.

그런데 여기서 단어의 순서가 매우 중요하다. 말씀에 나오는 순서 그대로 말이다.

하지만 세상의 종교나 우리의 본능과 상식으로 보면 순서가 바뀌어야 할 것 같은 생각이 든다. 가장 먼저 나와야 할 단어는 '선한 일'이라고 생각할 것이다.

'선한 일, 은혜, 구원, 믿음'

'선한 일을 많이 하면 하나님의 은혜가 주어져 구원을 받는다는 믿음을 갖고 살아야 한다.'

이 말이 왠지 타당한 것 같고, 사실 모든 종교가 주장하는 순서도 이와 같다. 심은 대로 거둔다는 법칙처럼 선한 일을 가장 먼저 심어야 구원을 거둘 수 있다고 여기는 것이다.

물론 성경에도 심은 대로 거둔다는 말씀이 있다.

스스로 속이지 말라 하나님은 업신여김을 받지 아

니하시나니 사람이 무엇으로 심든지 그대로 거두리라 (갈 6:7)

그러나 아무리 심어도 거두지 못하는 경우가 있다. 우리가 아무리 열심히 심어도 땅이 황폐하거나 적절한 햇살과 비가 없으면 열매를 거두지 못한다. 기본적으로 먼저 있어야 할 것은 땅과 비와 햇살의 '은혜'이다.

은혜가 선행되어야 심은 대로 거둘 수가 있는 것이다. 그런데 우리가 사는 세상에는 태어날 때부터 소위 말하는 금수저를 물고 나오는 사람들이 있다. 내가 열심히 노력하지 않았는데도 다른 사람의 은혜로 사는 경우도 많다.

사실 오늘날 우리가 누리는 많은 문명의 혜택은 내가 노력해서 만든 것이 아니라 과거 선조들이 이뤄 놓은 것들이다. 그래서 따지고 보면 심고 거둔다는 의미는 은혜가 먼저 주어져야만 이뤄진다고 보는 것이 마땅하다. 수영을 배워 열심히 할 수 있는 것도 물의 부력이라는 은혜가 먼저 있기에 가능하지 않은가?

가장 가까운 예로 우리 가정을 놓고 생각해 보자.

이제 겨우 걸음마를 뗀 자식을 앉혀 놓고 부모에게 효도해야 한다고 바르게 살아야 한다고 가르치면서 그렇게 살아야만 내 자식이라고 훈계하는 부모는 아마 없을 것이다.

행동 지침을 상세히 만들어 놓고 일일이 확인한 후 점수를 매겨 부모가 정한 일정 기준을 넘으면 그때부터 내 아들딸이라고 인정한다면 어떻게 되겠는가?

남 보기에는 아주 괜찮은 사람으로 훈련되어 자랄지도 모르지만, 그 아이가 정말 부모의 참사랑을 느끼고 자녀로서의 자유와 권세를 온전히 누리며 성장할 수 있을까?

자녀로 출생했기에 진자리 마른자리 갈아 누이고 보살피다가 자라면 학교 보내고 교육시키는 것이 흔히 우리가 노래하는 부모님의 은혜이다. 은혜 속에 출산하고 은혜 속에서 자라는 것이다. 그러다 철이 들면서 부모의 사랑과 은혜를 깨닫고 효도하며, 더욱 성숙해져 이웃을 위해서 사랑을 나누는 선한 삶을 살면서 진정으로 부모를 기쁘게 하는 것이다.

그렇다. 모든 구원에는 하나님의 은혜가 먼저다.

하나님이 은혜로 우리를 위해 만드신 구원의 길을 믿음으로 받을 때, 우리는 비로소 거듭난 하나님의 자녀가 된다.

여기에는 우리의 행함이 전혀 개입되지 않는다. 그러니 자랑은 하나도 없고, 오직 감사만 있다.

"이것은 너희에게서 난 것이 아니요 하나님의 선물이라 행위에서 난 것이 아니니 이는 누구든지 자랑하지 못하게 함이라"

그리고 은혜를 믿음으로 구원받은 우리가 은혜에 감사하는 마음으로 선한 일을 기쁘게 감당하는 것이다.

"우리는 그가 만드신 바라 그리스도 예수 안에서 선한 일을 위하여 지음을 받은 자니"

우리를 구원받은 존재로 만드신 이유는 예수 안에서 선한 일을 위해 살도록 하셨기 때문이다.

그러니 선한 일은 구원받기 위한 전제 조건이 아니라, 예수 안에서 구원받은 자들이 감격과 기쁨으로 하나님을 기쁘시게 하면서 살아가는 삶의 목적이다.

하나님의 은혜를 제대로 깨닫고 믿음으로 구원받으

면, 너무나 당연하게 감사와 기쁨으로 최선을 다해서 누가 알아주든지 말든지 연연하지 않고 선하고 아름답고 거룩한 삶을 살아가게 되는 것이다.

그렇다. 모든 연결에는 순서가 있다.

순서대로 바르게 연결해야 기계가 돌아가고 프로그램이 작동하여 모든 기능이 제대로 돌아가게 된다.

구원도 마찬가지다. 구원의 순서를 제대로 이해하지 못하면 신앙생활을 할수록 기쁨과 감격이 넘치는 삶이 아니라 오히려 무거운 짐을 잔뜩 지고 고통받는 형식적이고도 위선적인 종교 생활로 변질되기가 쉽다.

바른 순서는 구약시대라고 해서 다르지 않았다.

구약이나 어느 시대든지 하나님의 특별한 은혜가 먼저 있을 때 거기서부터 구원의 역사가 있음을 알게 된다. 대표적으로 구약시대의 노아가 이를 분명히 보여주고 있다.

우리는 노아가 의로운 삶을 살았고 말씀에 순종해 방주를 지었기 때문에 구원받은 것으로 알고 있다.

하지만 그 모든 것은 하나님이 베푸신 특별한 은혜의 결과였다.

⁸그러나 노아는 여호와께 은혜를 입었더라 ⁹이것이 노아의 족보니라 노아는 의인이요 당대에 완전한 자라 그는 하나님과 동행하였으며 (창 6:8~9)

항상 하나님의 은혜가 먼저 나오고, 의로운 삶이 뒤따라온다.

구약에는 하나님의 이런 특별한 은혜가 임한 사람들이 구원을 받았다.

예수가 보이지 않는 시대의 사람들은 분명히 하나님의 어떤 특별한 은혜가 먼저 주어졌고, 그것이 구원의 시작이 되었다.

이런 특별한 하나님의 은혜가 완전하게 나타난 것이 바로 예수 그리스도이다.

그렇기에 바른 순서는 이 은혜에 대한 믿음, 그리고 구원, 그다음이 선행이다.

먼저 은혜와 믿음으로 하나님의 자녀가 되었으니 하나님의 자녀답게 살아가야 한다.

거듭 말하지만 죄인이기 때문에 죄짓고 사는 것은 어찌 보면 당연하다. 죄인보고 의롭게 살라고 하는 것 사체가 정말 말이 안 되는 것이다.

그래서 하나님은 먼저 우리를 그리스도 예수 안에서 의롭게 만드셔서 의인이 되게 하셨다. 그리고 이제는 의인이니 거룩하게 살라고 말씀하신다.

성경은 분명히 '세상의 빛이 되어라!'라고 말하지 않는다. '세상의 빛이다.'라고 선포한다.

너희는 세상의 빛이라… (마 5:14)

⁸너희가 전에는 어둠이더니 이제는 주 안에서 빛이라 빛의 자녀들처럼 행하라 ⁹빛의 열매는 모든 착함과 의로움과 진실함에 있느니라 (엡 5:8~9)

"주 안에서 빛이라"

우리가 예수 그리스도와 연결되어 불이 들어온 빛이 되었다. 연결되기 전에는 "너희가 전에는 어둠이더니"였지만, 이제 주와 연결된 빛이 되었으니 어둠에 그 빛을 비추는 "행하라"라는 말씀 그대로 살아야 한다. 착함과 의로움과 진실함으로 말이다.

이것이 바로 우리 인생에 맺어지는 '빛의 열매'인 것이다. 예수를 믿는 사람이라고 하면서도 이런 열매들이 전혀 없다면 과연 그 믿음이 제대로 된 믿음인지 점검해 봐야 한다.

…행함이 없는 믿음은 죽은 것이니라 (약 2:26)

구원은 하나님의 은혜를 믿음으로 받는 것이지만 그 믿음이 제대로 된 것인지는 오직 행함을 통해서 알 수 있다.

즉 행함을 통해서 구원받는 것은 아니지만, 하나님의 은혜와 제대로 연결된 구원의 믿음이라면 당연히 행함의 열매를 맺기 마련이라는 뜻이다.

이 세상에는 들으면 너무나 감동적이고 눈물 흘릴 수밖에 없는 아름다운 선행들이 가득하다. 좋은 보상을 받기 위해서, 돕고 싶은 긍휼의 마음으로, 사람의 도덕적이고 양심적인 도리이기에, 내가 따르고 있는 종교의 명령이기에 선행을 하는 사람들이 많다.

그러나 하나님과 진정으로 연결된 사람들은 하나님

께 받은 은혜와 사랑이 너무 감사해서 아무런 보상도 바라지 않고 기쁨과 진심으로 최선을 다해 누가 보든지 안 보든지 알아주든지 그렇지 않든지 선한 일에 열심을 낸다. 하나님께 무언가 드리고 섬기는 일도 아래와 같은 마음과 자세로 하는 것이다.

> 나와 내 백성이 무엇이기에 이처럼 즐거운 마음으로 드릴 힘이 있었나이까 모든 것이 주께로 말미암았사오니 우리가 주의 손에서 받은 것으로 주께 드렸을 뿐이니이다 (대상 29:14)

너희가 전에는 어둠이더니
이제는 주 안에서 빛이라
빛의 자녀들처럼 행하라

빛의 열매는
모든 착함과 의로움과 진실함에 있느니라
- 엡 5:8~9 -

## 10. Helper와의 연결

차를 운전하는 사람이면 내비게이션이 얼마나 편리한지 누구나 공감할 것이다. 특히 나 같은 길치에게는 내비게이션이 삶의 혁명과도 같다.

그런데 한번은 분명히 내비게이션 앱에 접속했는데도 지도만 표시될 뿐 가는 경로가 전혀 움직이지 않았던 적이 있다. 왜 그런지 앱을 자세히 들여다보니 빨간 글씨로 위성과 연결되지 않았다는 안내 문구가 떠 있었다. 스마트폰의 어떤 부분이 고장나 위성과 연결할 수 없었던 것이다.

운전할 때 내비게이션에 연결해 도움을 받듯 내 삶의 전반을 계속 베스트셀러인 성경에 연결해 오고 있다. 여기서 성경에 제대로 연결돼서 정확한 길 안내를 받을 방법을 전하고 싶다.

성경은 일반적인 서적으로 분류하면 아주 고전에 속

하는 책이다. 이런 고전이 갖는 일반적 특징은 책이 나온 지가 무척 오래됐고 저자는 이미 이 세상에 없다는 것이다.

그런데 참 놀라운 점은 다른 고전들과는 달리 오직 성경만은 저자가 여전히 살아 있으며, 성경을 읽는 자들이 잘 깨달을 수 있도록 옆에서 도와준다는 사실이다. 이 놀라운 사실이 어떻게 가능할까?

앞서 언급한 대로 모든 성경은 하나님의 감동으로 써졌다. 여기서 하나님의 '감동'은 '성령의 호흡을 불어넣으심$^{(inspiration)}$'이라고 볼 수 있다. 그래서 하나님의 감동을 언급할 때 다른 말로 하나님의 성령이 역사했다고 표현하는 것이다.

성령이 성경을 기록한 사람들을 그분의 특별한 방법으로 감동시켜 하나님의 말씀으로 기록하게 했고, 우리가 그 말씀을 읽을 때 함께하면서 잘 깨닫도록 이끌어 준다는 사실이다.

예수님은 죽으시고 부활하시고 승천하시면서 성령을 보내셔서 우리와 함께하고 우리를 돕게 하겠다고 말씀하셨다.

> 보혜사 곧 아버지께서 내 이름으로 보내실 성령 그가 너희에게 모든 것을 가르치고 내가 너희에게 말한 모든 것을 생각나게 하리라 (요 14:26)

예수님이 보내겠다고 하신 성령은 '보혜사'라고 하는데, 이 말을 영어로 표현하면 'helper'이다.

그렇다. 성령은 우리가 성경을 읽을 때 예수님을 제대로 깨닫게 하고 참 진리 가운데로 나가도록 우리를 돕는다. 그래서 우리가 성경을 펼 때마다 항상 성령의 도우심을 바라는 기도를 하면서 성령과 연결하는 것이 중요하다.

한 가지 예를 들어보자.

지금까지 우리는 성경과의 연결을 통해서 어떻게 죄를 해결하고, 의롭게 되며, 영생을 얻는 하나님의 자녀가 되는지를 알게 됐다. 그런데 이런 것을 지식으로는 받아들이지만, 내가 정말 하나님의 자녀가 된 것이 맞는지 확신하지 못하고 의심할 때가 있다.

이렇게 마음에 의심이 생길 때 유일한 해결책이 바로 성령이다. 성령은 내가 정말 하나님의 자녀가 됐다는 것을 느끼고 확신하도록 도와준다.

> ¹⁴무릇 하나님의 영으로 인도함을 받는 사람은 곧 하나님의 아들이라 ¹⁵너희는 다시 무서워하는 종의 영을 받지 아니하고 양자의 영을 받았으므로 우리가 아빠 아버지라고 부르짖느니라 ¹⁶성령이 친히 우리의 영과 더불어 우리가 하나님의 자녀인 것을 증언하시나니 (롬 8:14~16)

예수를 믿고 영접한 사람들이 너무나 자연스럽게 하나님을 "아빠 아버지!"라고 부를 수 있는 것이 바로 성령의 도우심 때문이라고 말한다.

누군가 내게 "당신은 어떻게 구원받았고, 하나님의 자녀인 것을 알 수 있습니까? 증명해 보세요!"라고 한다면, 그 사람에게 "당신, 정신 있소?"라고 되물을 것이다. 내 응답에 그 사람은 아마 화를 내면서 "내가 정신 있으니까 이런 이야기를 묻는 것 아니오?"라고 할지도 모른다. 그러면 다시 "그럼 당신 정신 좀 보여주시오!" 하고 싶다.

아마 그 사람은 꽤나 황당해할 것이다. 자신 속에 정신을 느껴 당연히 정신이 있음을 알 뿐이지 정신 자체를 어떻게 꺼내서 보여줄 수가 있겠는가!

앞서 말한 대로 우리는 영적인 존재로 창조되었고 우리에겐 영적 기능이 있다. 이것이 바로 하나님을 느끼고 알며 감지할 수 있는 부분이 된다. 우리가 사랑을 느끼고 사랑할 수 있는 것은 사랑이라는 감정이 우리 속에 존재하고 있기 때문이다.

성령이 우리 속에 있는 우리의 영과 더불어 우리가 하나님의 자녀인 것을 증언한다고 말한다.

"성령이 친히 우리의 영과 더불어 우리가 하나님의 자녀인 것을 증언하시나니"

다른 사람에게 직접 보여 줄 수는 없지만, 예수님을 영접한 후로 내 안에 계신 성령이 내 영과 더불어 내가 하나님의 자녀임을 항상 느끼게 만드신다.

그런데 만약 누군가 내 목에 칼을 대고서 예수를 믿지 않으면 살려주겠다고 협박한다면 나는 아마 무서워서 곧장 하나님을 부인할지도 모른다. 나는 이토록 연약한 존재임을 잘 알고 있다. 하지만 내 중심 깊은 곳은 성령으로 인해서 '나는 누가 뭐래도 하나님의 자녀인데…'라고 말할 것이다.

중세 시대 때 지동설을 주장하다가 종교재판에서 사형 선고를 받은 이탈리아의 천문학자 갈릴레오(Galileo Galilei, 1564~1642)가 사형을 면하기 위해 자신의 주장을 철회하면서 '그래도 지구는 돌고 있는데…'라고 중얼거렸던 것처럼 말이다.

이렇게 성령과 잘 연결되면 단순히 지식으로만 성경을 아는 것이 아니라 내 영이 실제로 말씀을 느끼고 경험하게 된다. 그것으로 더 깊이 있고 분명하게 하나님의 세계로 연결을 확장해 나갈 수 있는 것이다.

성령과 연결하고 성령을 따라 성경을 읽어 나가다 보면 우리 속에서 느껴지는 것이 또 있다.

바로 치열한 내적인 싸움이다. 마치 내 속이 전쟁터가 된 것 같은 치열한 싸움이 간혹 벌어진다.

성경은 이것을 이렇게 말한다.

> 육체의 소욕은 성령을 거스르고 성령은 육체를 거스르나니 이 둘이 서로 대적함으로 너희가 원하는 것을 하지 못하게 하려 함이니라 (갈 5:17)

성경을 읽는 사람들의 마음속에서는 정말 이런 일들이 일어난다. 성령의 감동을 따라 말씀을 읽고, 감동 받은 그대로 살아야겠다는 좋은 욕심이 생긴다.

그런데 이것을 거스르는 힘이 있다. 성경은 그것을 바로 '육체의 소욕'이라고 말한다. 이 둘이 서로 대적한다는 것은 치열하게 싸운다는 뜻이다. 그렇게 되면 마음은 원하지만, 원하는 것을 제대로 이루지 못한다고 말한다.

여기서 '육체의 소욕'이라는 것은 과연 무엇일까?

우리 육체에는 여러 육신의 욕망이 가득 차 있다. 기본적인 식욕부터 성욕, 소유욕, 명예욕 등 다양한 욕망이 있다.

사실 이런 욕망은 우리 삶에 꼭 필요한 것들이기에 하나님이 주신 것임을 성경은 여러 곳에서 증거 한다. 그렇기에 성경은 이런 여러 욕망 자체를 무시하고 금기시하는 금욕주의에 반대한다.

[20]너희가 세상의 초등학문에서 그리스도와 함께 죽었거든 어찌하여 세상에 사는 것과 같이 규례에 순종하느냐 [21](곧 붙잡지도 말고 맛보지도 말고 만지지도 말라 하는 것이니 [22]이 모든 것은 한때 쓰이고는 없어지리라) 사람의 명령과 가르침을 따르느냐 (골 2:20~22)

그러나 이런 욕망이 너무 과하고 적정선을 넘으면 탐욕이 되고 죄로 연결되기 쉽다. 먹는 것은 너무 중요하지만 먹는 쾌락을 지나치게 추구하면 식탐으로 이어지고 과식으로 탈이 나며 폭식증 등으로 건강을 해치는 경우가 많다. 몸을 위해서 먹고 마시는 것에 너무 집중하다 보면 오히려 몸을 망치게 되는 것이다.

성욕도 마찬가지다. 성욕 그 자체는 죄가 아니다. 남성과 여성을 만드신 하나님의 뜻에 따라 생육하고 번성하게 하며, 결혼 안에서 서로 하나 되는 기쁨을 허락하신 선한 것이다.

하지만 이 성욕을 육신의 탐욕으로 그릇되게 사용하면 방탕, 음란, 불륜, 간음으로 가정이 파괴되고 관계가 무너지며 수많은 범죄로 이어지게 된다.

소유욕은 어떤가? 사람은 소유욕이 있기에 열심히 일하고 경제활동으로 시장과 사업이 활발해지면서 문명사회가 발전해간다. 그러나 자신의 이기심만을 채우는 소유욕은 끝없이 인간의 욕망을 부채질하면서 우리를 황금만능주의에 빠지게 하고 돈의 노예로 전락시켜 버린다. 사람들이 소유한 것이 오히려 그 사람을 소유하고 노예로 삼는 것이다.

명예욕 또한 다르지 않다. 건강한 명예욕은 우리가 건전하고 가치 있는 것에 삶을 헌신하며 살도록 이끌어 준다. 그러나 지나친 명예욕으로 인해 위선과 거짓이 난무하고 중상모략과 권모술수로 얼룩진 흑역사가 만들어진 예가 너무 많다.

이런 과도한 육신의 욕심이 우리 안에서 싸움을 일으키고 갈등을 만들어낸다. 마치 감기 바이러스가 몸 안에 들어오면 우리 면역체계가 이 바이러스와 싸우느라 콧물이 나고 열과 기침 등 여러 증상이 나타나는 것처럼 내적 전쟁을 하는 것이다.

우리는 성령의 감동으로 기록한 말씀을 읽을 때마다

성령의 감동을 느끼게 된다. 그때마다 육체의 소욕을 이기고 성령의 감동에 자신을 맡기며 따라가는 것이 중요하다.

> 내가 이르노니 너희는 성령을 따라 행하라 그리하면 육체의 욕심을 이루지 아니하리라 (갈 5:16)

성령의 감동, 즉 성령의 욕심을 따라 살다 보면 자연스럽게 육신의 욕심을 넘어서면서 좋은 인격의 열매가 저절로 맺힌다. 성령과 연결되어 맺을 수 있는 최상의 아홉 가지 열매가 내 인격과 삶에 풍성해지는데 이것을 막을 법이 없다고 말한다.

> [22]오직 성령의 열매는 사랑과 희락과 화평과 오래 참음과 자비와 양선과 충성과 [23]온유와 절제니 이 같은 것을 금지할 법이 없느니라 (갈 5:22~23)

성령의 열매는 우리 인격과 성품의 나무에 맺히는 너무나 아름다운 열매들이다.

우리 인생의 가을에 모든 것이 낙엽 진다고 해도 이 성령의 열매들은 우리 삶을 후회 없는 의미와 진정한 가치로 빛내줄 것이다. 이 열매들은 우리를 거짓의 미혹과 가짜의 유혹에서 지켜주기에 매우 중요하다.

신앙생활은 나쁜 것을 하지 않도록 애쓰며 사는 것보다는 좋은 것을 채우면서 나쁜 것을 몰아내는 삶이라고 볼 수 있다.

진짜 사랑을 가진 사람들은 비정상적인 짝퉁 사랑으로 자신을 채우려 하지 않는다. 사랑을 성으로만 생각하는 모조품 사랑에 빠져들지도 않는다.

성령의 참 기쁨과 감사로 충만한 삶의 열매가 있으면, 방탕과 쾌락으로 얻으려는 가짜 즐거움을 이겨낼 수 있다. 내게 천억이 있다면 고작 몇만 원의 유혹에 흔들리겠는가?

이를 악물며 억지로 참는 것은 결코 절제하는 삶이 아니다. 오직 성령님이 주신 절제의 열매로만 모든 탐심의 유혹을 이길 수 있다.

성령의 감동과 연결되어 살면 늙어 가는 것이 아니라 익어가고, 변질하는 것이 아니라 변화하며, 타락하는 것이 아니라 성숙해 가고, 썩어 가는 것이 아니라 발효되어 가는 삶으로 갈 수 있다.

한 가지 더 말하고 싶은 것은 성령의 감동에 연결되어 성경을 읽다 보면, 좀 더 예수 그리스도를 풍성히 알아가고 그와 더 친밀하고 농밀한 인격적 교제를 깊이 나눌 수 있다는 것이다.

사실 모든 성경은 예수 그리스도에 관해 쓴 책이다. 바로 '그의 이야기'인 것이다.

His story, 줄여서 History!

> 너희가 성경에서 영생을 얻는 줄 생각하고 성경을
> 연구하거니와 이 성경이 곧 내게 대하여 증언하는
> 것이니라 (요 5:39)

이 말씀 그대로 성경은 곧 예수에 관해 증언하기 위해서 쓴 책이고, 그 예수를 통해서 영생을 얻도록 하기 위한 기록의 말씀이다.

특히 이 말씀은 예수께서 친히 하신 말씀인데, 여기서

말하는 성경은 곧 구약성경을 말한다.

예수 당시에는 구약성경밖에 없었다. 신약성경이 완전히 형성되고 확정된 것은 AD 397 카르타고 회의에서다. 구약성경이 바로 예수 자신에 관해 증언하는 책이라고 정확하게 말한다. 그리고 예수님이 부활하신 후에는 이를 아주 더 정확하게 가르쳐 주셨다.

> [27]이에 모세와 모든 선지자의 글로 시작하여 모든 성경에 쓴 바 자기에 관한 것을 자세히 설명하시니라…[44]또 이르시되 내가 너희와 함께 있을 때에 너희에게 말한 바 곧 모세의 율법과 선지자의 글과 시편에 나를 가리켜 기록된 모든 것이 이루어져야 하리라 한 말이 이것이라 하시고 [45]이에 그들의 마음을 열어 성경을 깨닫게 하시고 (눅 24:27, 44~45)

예수는 모세가 기록한 모세오경, 즉 창세기, 출애굽기, 레위기, 민수기, 신명기의 모든 기록이 자기에 관해 기록한 것이라고 주장한다.

선지서의 모든 글도 다 자신을 가리켜 기록한 것이라

하며, 시편의 모든 내용도 다 자신을 나타내는 것이라고 이야기한다.

나는 평생 성경을 연구해 오면서 이 말씀이 사실인 것을 재차 확인하고 있다. (물론 그 얘기를 지면에서 다 할 수는 없다.) 그렇기에 구약에 나타난 모든 성막, 제사, 절기, 율법의 내용이 다 예수를 말하는 것이고, 예수로 완성된다는 사실이다.

> ¹⁶그러므로 먹고 마시는 것과 절기나 초하루나 안식일을 이유로 누구든지 너희를 비판하지 못하게 하라 ¹⁷이것들은 장래 일의 그림자이나 몸은 그리스도의 것이니라 (골 2:16~17)

구약에 지켜야 할 것으로 복잡하게 적어 놓은 먹는 규례, 지켜야 할 날들과 절기들은 모두 예수 그리스도를 나타내는 그림자다. 그리고 몸은 바로 예수 그리스도다.

전기를 사용할 수 없을 땐 촛불을 켜서 방안을 밝힌다. 하지만 전기가 들어오면 당연히 촛불을 끄고 더 환한 전깃불을 밝힌다. 이와 같이 예전의 모든 것은 예수로 완성되면서 폐해졌다는 말이다.

이제는 어떤 음식이든지 예수 안에서 감사함으로 먹을 수 있게 됐다. 부정한 음식과 정한 음식이 따로 없어졌으니 말이다. 지켜야 할 절기가 따로 있는 것이 아니고 절기의 축제와 행복을 날마다 예수 안에서 누리며 살게 하셨다.

어느 일정한 날이 안식일이 아니라 월, 화, 수, 목, 금, 토, 일의 모든 날이 다 구원의 날이며 은혜의 날이고 안식의 날이다. 다 예수 안에서 예배하며 기뻐하며 천국을 누리는 날들이 된 것이다.

더는 구약시대처럼 제사를 드리지 않아도 되고, 항상 예수 안에서 감사와 기쁨의 예배를 하나님께 드릴 수 있게 됐다.

그래서 성경을 읽을 때는 예수 중심으로 읽어야 한다. 성경을 안내하는 책자나 성경 교사를 찾아 먼저 전체를 예수 중심으로 정리하면 좋겠다는 생각도 한다. 예수 그리스도를 통한 구속사의 맥을 잡으라는 의미에서이다.

처음부터 매일 조금씩 원하는 부분만 읽다 보면 나무와 잎사귀를 보게 돼 전체적인 숲을 보지 못하는 일이 생길 수 있다. 디테일한 것에 빠져 오히려 길을 잃고 헤맬 수도 있다. '디테일의 악마'라는 말이 있지 않은가! 성경을 이런 식으로 읽다 보면 이단이 되고 광신자가 되는 경우가 많다.

또한 혹자는 자신의 특정 목적을 위해서 필요한 성경 구절만을 뽑아 악용하기도 한다. 성경에서 자신을 계시하는 '본연의 하나님, 참된 하나님'을 믿는 것이 아니라, 이 구절 저 구절을 뽑아서 자신이 만든 '인조 하나님', '모조품 하나님', '도깨비방망이 같은 하나님'을 믿는 사람들이 얼마나 많은지 모른다. 성경 구절을 계속 들이대며 무당처럼 떠드는 사람 중에 사이비들이 많으니 조심해야 한다. 사탄이 예수님을 시험할 때, 구약의 말씀으로 했다는 사실을 기억해야만 한다. _마 4:1~11 참고

성경에는 창조에 관한 내용이 있지만, 성경은 창조론을 설명하기 위해 쓰인 책은 아니다. 종말에 관해 언급하고 있지만, 종말을 위해 쓰인 것도 아니다. 그런데 이를 제대로 이해하지 못하고 그릇된 종말론에 빠져 허우적대는 사람들이 너무 많다.

성경은 기도, 구제, 인간관계, 재물에 관한 다양한 내

용을 소개하지만, 결코 기도나 구제만을 위한 책이 아니다. 심리학이나 경제학, 처세술에 관해 쓴 책도 더더욱 아니다.

성경의 모든 내용은 오직 예수와 연결된다는 사실을 잊지 말아야 한다. 이런 바른 이해 없이 성경의 내용 중 자신에게 필요한 구절만 쏙쏙 뽑아 철학과 신념에 연결시켜 종교를 만들고, 이념과 사상을 만들어 '거짓 선지자'가 돼버린 경우가 얼마나 많은지 모른다.

예수 이후에 종말까지 이런 일들이 가장 두드러지게 계속 이어질 것이니 미혹에 넘어가지 말라고 성경은 경고한다.

> ³예수께서 감람 산 위에 앉으셨을 때에 제자들이 조용히 와서 이르되 우리에게 이르소서 어느 때에 이런 일이 있겠사오며 또 주의 임하심과 세상 끝에는 무슨 징조가 있사오리이까 ⁴예수께서 대답하여 이르시되 너희가 사람의 미혹을 받지 않도록 주의하라 ⁵많은 사람이 내 이름으로 와서 이르되 나는 그리스도라 하여 많은 사람을 미혹하리라 (마 24:3~5)

오직 성령의 이끄심을 따라 성경 안에서 예수와 제대로 연결되고 말씀 안에 거할 때, 이런 거짓의 유혹을 이기고 바른 진리에 이르게 되어 진리가 주는 참 자유를 누릴 수 있게 된다. 세계 유수의 대학들이 교훈으로 가장 많이 쓰는 말씀이 그대로이다.

물론 "진리를 알지니 진리가 너희를 자유롭게 하리라"라는 구절을 사용하면서 그 앞에 예수의 말에 거하는 것이 참된 진리를 아는 것이라는 사실은 빼놓고 있지만 말이다.

> [31]그러므로 예수께서 자기를 믿은 유대인들에게 이르시되 너희가 내 말에 거하면 참으로 내 제자가 되고 [32]진리를 알지니 진리가 너희를 자유롭게 하리라
> (요 8:31~32)

오직 성령의 열매는
사랑과 희락과 화평과
오래 참음과 자비와 양선과 충성과

온유와 절제니
이같은 것을 금지할 법이 없느니라
- 갈 5:22~23 -

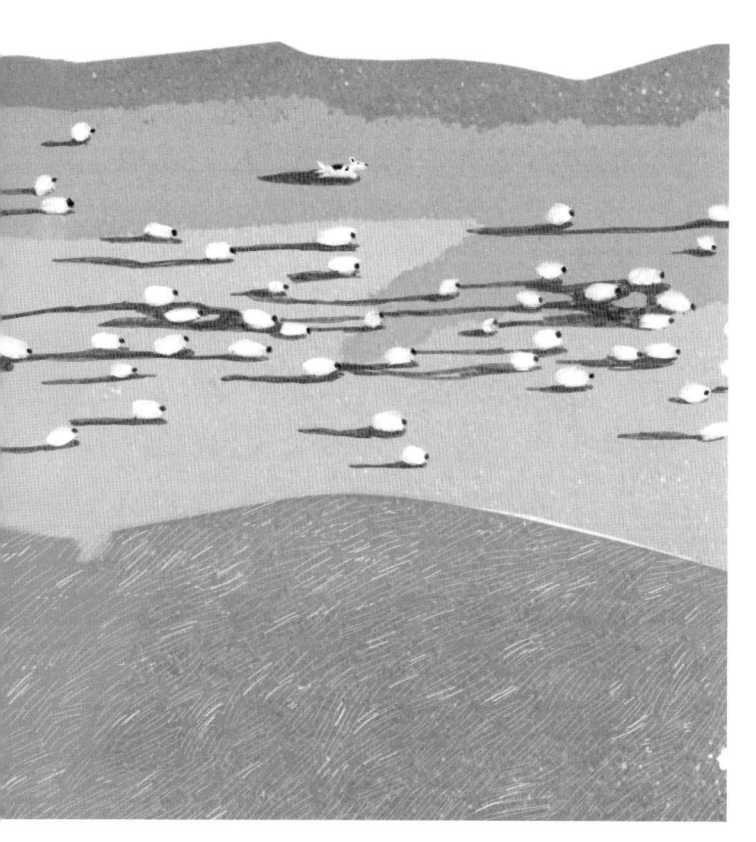

## 11. **연결과 연결의 확장**

어느 집이든지 새로 이사를 하면 기본적으로 가장 먼저 하는 일이 바로 연결이다. 전기나 수도, 가스를 연결한다. 그런데 요즘은 인터넷 연결이 필수다. 인터넷을 통해서 다른 사람과 정보를 교환하며 온 세계와 연결해서 살아가기에 그렇다.

성공하는 사람들의 기본 원리가 있다.

'First things First!' 중요한 것을 먼저 하는 것이다.

성경에서도 이렇게 말하고 있다.

> 그런즉 너희는 먼저 그의 나라와 그의 의를 구하라 그리하면 이 모든 것을 너희에게 더하시리라
>
> (마 6:33)

"그의 나라와 그의 의"를 구하는 것이 바로 영생의 실

체이다. 하나님이 만들어 주신 의를 통해 하나님의 가족이 되고, 그의 나라에 들어가 영원히 사는 것이다. 그러니 이것을 먼저 구한다는 의미는 이것에 연결하는 것이 인생의 가장 중요한 우선순위라는 뜻이다.

나는 줄곧 책 전반에 거쳐 이 연결에 관해 말해왔다.

"그리하면 이 모든 것을 너희에게 더하시리라"

바로 이 연결이 모든 인생의 참된 평안과 승리, 가치와 의미 그리고 아름다운 성품과 선한 일의 열매들을 맺어가는 연결의 시작이다.

하나님은 우리의 모든 필요를 공급해 주는 파이프라인과도 같은 연결선이다.

누군가 내게 성경의 전체적인 흐름을 한마디로 정의하라고 하면 이렇게 말하고 싶다.

"하나님과 그분의 뜻에 잘 연결될 때는 시냇가에 심은 나무처럼 열매 맺는 삶을 누리지만, 아예 연결되지 않았거나 제대로 안 되어 뭔가 막혔을 때는 결국 바람에 나는 겨와 같은 허망한 인생이 된다고 시종始終 이야기하는 것이 바로 성경이다."

오래전 이집트에서 시작해 시나이반도를 거쳐 이스라엘을 여행한 적이 있다. 여행하면서 가장 크게 느낀 것 중 하나는 시나이반도와 이스라엘은 같은 기후와 토질을 가졌는데도 풍경이 전혀 다르다는 사실이다.

시나이반도는 풀과 나무가 거의 없는 그야말로 황량한 광야였다. 그런데 이스라엘로 들어서니 푸른 잔디와 채소, 아름다운 과일나무들이 풍부한 전원을 이루고 있는 것이 아닌가. 그곳의 채소와 과일을 먹었는데 너무나 아삭하며 맛있던 기억이 생생하다.

똑같은 환경인데도 어떻게 이런 차이가 날 수 있을까? 바로 다름 아닌 파이프 때문이다. 이스라엘의 전 국토는 갈릴리 호수와 파이프라인으로 연결돼있다. 시간마다 파이프라인을 통해 갈릴리의 물이 자동으로 공급되는 시스템이 갖춰져 있기에 땅이 옥토가 되어 채소와 과일을 풍성히 얻을 수 있는 것이다. 생명의 근원과 연결되어 살아가는 삶이 얼마나 중요한지를 극명하게 보여주는 예다.

이제 그 유명한 시편 1편을 같이 보고자 한다. 기도하는 마음으로 성령의 감동에 연결해서 깊이 묵상해 보길 바란다.

> ¹복 있는 사람은 악인들의 꾀를 따르지 아니하며 죄인들의 길에 서지 아니하며 오만한 자들의 자리에 앉지 아니하고 ²오직 여호와의 율법을 즐거워하여 그의 율법을 주야로 묵상하는도다 ³그는 시냇가에 심은 나무가 철을 따라 열매를 맺으며 그 잎사귀가 마르지 아니함 같으니 그가 하는 모든 일이 다 형통하리로다 ⁴악인들은 그렇지 아니함이여 오직 바람에 나는 겨와 같도다 ⁵그러므로 악인들은 심판을 견디지 못하며 죄인들이 의인들의 모임에 들지 못하리로다 ⁶무릇 의인들의 길은 여호와께서 인정하시나 악인들의 길은 망하리로다 (시 1:1~6)

복 있는 인생이란 어떤 존재인지를 깊이 깨달았으리라 믿는다.

이제 여기서 더 나아가 이 연결을 시작으로 우리 삶을 다른 사람들과 온 세계로 연결하면서 연결을 확장하는 삶에 대해서 생각해 보자.

내게 흐르는 물을 다른 사람의 논과 밭에도 대어 주는 것이다.

고인 물은 썩기 마련이라는 사실을 잘 알고 있다. 그렇기에 우리에게 주신 하나님의 크신 사랑과 은혜를 다른 사람을 향해 흘려보낼 때 우리의 삶은 더욱 풍성해지고 행복해진다.

이와 관련한 성경 말씀이 있다.

> …주 예수께서 친히 말씀하신 바 주는 것이 받는 것보다 복이 있다 하심을 기억하여야 할지니라
>
> (행 20:35)

> 주라 그리하면 너희에게 줄 것이니 곧 후히 되어 누르고 흔들어 넘치도록 하여 너희에게 안겨 주리라… (눅 6:38)

이렇듯 흘려보내는 삶을 위해서 우리는 항상 이웃에게 복음의 연결을 이뤄놔야 한다. 이것이 바로 우리가 추구해야 할 삶의 최종 목적이며 종말론적 삶이다.

> 이 천국 복음이 모든 민족에게 증언되기 위하여 온 세상에 전파되리니 그제야 끝이 오리라 (마 24:14)

"말세다! 말세야!"

어느 시대를 막론하고 이런 말을 하는 사람들은 늘 있었다. 그리고 시대마다 마지막 때처럼 느껴지는 징조 역시 많았다. 그러나 그것들이 완벽한 증거는 아니다.

성경은 생명을 살리는 복음이 모든 민족에게 완전히 다 전파됐을 때, 진짜 마지막 끝이 온다고 말하기 때문이다.

왜 지구촌이 하나가 되도록 교통수단이 발전하는가?

왜 인공지능이 이토록 빨리 발전하는가?

이런 변화들로 장소의 제약과 언어의 장벽이 점점 없어지고 있다. 인공지능의 비약적인 발전으로 머지않아 완벽한 언어 소통이 이뤄질 것이다.

이 모든 현상은 바로 천국 복음이 모든 민족에게 막힘없이 증거되도록 하는 말세의 현상이다. 마지막 때를 향해 가기 위함인 것이다.

많은 예언자가 지구 종말을 얘기하지만, 아직도 마지

막 때가 오지 않은 것은 한 영혼이라도 더 구원하기를 원하는 하나님의 마음 때문이라고 성경은 말한다.

> ⁸사랑하는 자들아 주께는 하루가 천 년 같고 천 년이 하루 같다는 이 한 가지를 잊지 말라 ⁹주의 약속은 어떤 이들이 더디다고 생각하는 것 같이 더딘 것이 아니라 오직 주께서는 너희를 대하여 오래 참으사 아무도 멸망하지 아니하고 다 회개하기에 이르기를 원하시느니라 (벧후 3:8~9)

말씀 그대로 하나님은 아무도 망하지 않고 영생을 얻길 원하신다.

> ¹⁶하나님이 세상을 이처럼 사랑하사 독생자를 주셨으니 이는 그를 믿는 자마다 멸망하지 않고 영생을 얻게 하려 하심이라 ¹⁷하나님이 그 아들을 세상에 보내신 것은 세상을 심판하려 하심이 아니요 그로 말미암아 세상이 구원을 받게 하려 하심이라
>
> (요 3:16~17)

하나님의 본심本心은 이것이다. 우리를 통해 이 귀한 복음이 모든 민족에게 흘러갈 때까지 인류의 마지막을 미루고 계신다.

이런 하나님의 마음과 복음이 잘 녹아든 그림 하나를 소개하고 싶다. 마지막으로 이루어질 하나님 나라의 그림이다.

> [9]이 일 후에 내가 보니 각 나라와 족속과 백성과 방언에서 아무도 능히 셀 수 없는 큰 무리가 나와 흰 옷을 입고 손에 종려 가지를 들고 보좌 앞과 어린 양 앞에 서서 [10]큰 소리로 외쳐 이르되 구원하심이 보좌에 앉으신 우리 하나님과 어린 양에게 있도다 하니 (계 7:9~10)

하나님 나라의 모습을 아주 선명하고도 간략하게 잘 보여주는 말씀이다.

하늘 중심 보좌에 우리 하나님과 어린 양 되신 예수님이 계신다. 자세히 보면 온 우주의 중심이신 성부, 성자, 성령 하나님이 바로 거기에 계신 것이다.

당신은 평소 우주와 세상의 중심이 어디라고 생각했는가?

바로 거기가 온 우주와 세상의 중심이다.

그리고 각 나라와 족속과 백성과 방언에서 능히 셀 수 없는 큰 무리가 흰옷을 입고 그 앞에 섰다. 모든 민족 특히 모든 방언을 사용하는 사람들이 다 모였다. 모든 민족과 모든 언어를 사용하는 사람들에게까지 천국 복음이 전달되었기에 모인 사람들이다.

그들은 큰소리로 감격의 노래를 부른다. "구원하심이 오직 우리 하나님과 어린 양 예수로 말미암는다."라고 외치며 찬양한다.

이들은 어떻게 거기 설 수 있는 흰옷의 예복을 입을 수 있었을까?

> 내가 말하기를 내 주여 당신이 아시나이다 하니 그가 나에게 이르되 이는 큰 환난에서 나오는 자들인데 어린 양의 피에 그 옷을 씻어 희게 하였느니라
>
> (계 7:14)

어린 양 예수의 피에 씻은 옷이라고 말한다.

이 책의 요지要旨를 놓치지 않고 잘 따라왔다면, 분명히 이 내용을 한 번에 깨달았으리라 믿는다.

오직 어린 양 예수의 피로 자신의 온 존재를 씻음 받은 자들이 천상의 구원에 함께 참여한다는 것이다. 그 하나님의 나라를 우리의 언어로 쉽게 그려준다.

> [15] 그러므로 그들이 하나님의 보좌 앞에 있고 또 그의 성전에서 밤낮 하나님을 섬기매 보좌에 앉으신 이가 그들 위에 장막을 치시리니 [16] 그들이 다시는 주리지도 아니하며 목마르지도 아니하고 해나 아무 뜨거운 기운에 상하지도 아니하리니 [17] 이는 보좌 가운데에 계신 어린 양이 그들의 목자가 되사 생명수 샘으로 인도하시고 하나님께서 그들의 눈에서 모든 눈물을 씻어 주실 것임이라 (계 7:15~17)

나와 당신의 모습이 바로 여기에 보인다.

앞서 얘기했던 내용이 기억나는가? 그럼 한번 연결해 보자.

창세 전에 예수 그리스도 안에서 택함을 입은 '우리'가 바로 여기에 보인다. 말씀에 '그들'로 표현된 그들이 바로 '우리'이다.

다시 정리하자면 천국에서 보이는 '능히 셀 수 없는 무리', '그들'의 모습이 바로 하나님이 창세 전부터 예수 그리스도 안에서 택하시고 원하시고 그토록 바라시던 '우리'인 것이다.

그렇기에 '나'만이 아니라 모든 사람이 함께 복음으로 하나님의 자녀가 되어 같이 하나님의 가족을 이루는 '우리 공동체'가 우리의 꿈과 비전이 되어야 한다.

이런 꿈을 갖고 살았던 바울의 고백이다.

> [23]내가 그 둘 사이에 끼었으니 차라리 세상을 떠나서 그리스도와 함께 있는 것이 훨씬 더 좋은 일이라 그렇게 하고 싶으나 [24]내가 육신으로 있는 것이 너희를 위하여 더 유익하리라 (빌 1:23~24)

"내가 그 둘 사이에 끼었으니"에서 그 둘 사이는 바로 삶과 죽음 사이에서 살아간다는 말이다.

그렇다. 우리의 삶이라는 것은 한쪽을 보면 살아 있고, 다른 쪽으로 보면 늘 죽음에 있는 양쪽에 낀 계곡과도 같다.

그런데 "세상을 떠나서"라는 표현은 곧 죽음을 의미한다. 죽어서 모든 게 끝나는 것이 아니라 죽어서 오히려 "그리스도와 함께 있는" 영원한 삶이 "훨씬 더 좋은 일"이라고 고백하고 있다.

그렇다. 죽음은 이제 훨씬 더 좋은 일이 되었다.

우리는 이 세상에서 가장 좋은 것을 이미 확보해 놓고 사는 인생이다. 죽어봤자 천국이다. 완전히 망하기는 이미 틀린 인생이다.

이 세상에는 수많은 사람이 우리 앞에 서 있다. 나보다 더 잘나고, 더 많이 갖고, 더 높은 지위에 있고, 더 유명한 사람들이 앞에 서 있다.

그런데 어느 날 하나님이 "동작 그만! 뒤로 돌아가!"라고 하신다면 어떻게 될까?

맨 뒤에 서 있던 사람이 맨 앞에 서게 된다.

지금 이 순간 동시대를 살아가는 수많은 사람이 있지만 모두 다 언젠가는 "동작 그만! 뒤로 돌아가!"라는 하나님의 음성을 듣게 될 것이다.

그리스도 예수 안에서는 세상에서의 순서가 완전히 바뀔 것이라 확신한다. 그렇기에 세상에서 사는 모습이나 순서에 목을 매지 않는다. 그럴 필요가 전혀 없다.

죽음은 이제 더는 두렵고 어두운 미지의 세계가 아니다. 오히려 늘 사모하고 소망하며 기다리는 천국의 문이다. 이제 죽음은 우리에게 살아 있는 것보다 훨씬 더 좋은 것일 수밖에 없다.

그러나 아직도 세상 속에서 육신으로 살아야 할 이유는 "너희를 위하여 더 유익"하기 때문이라고 바울은 말한다. 다른 사람에게 유익을 주기 위해 더 살아야 한다는 말이다. 이것이 살아 있는 이유 즉 존재의 이유인 것이다.

나를 통해서 더 많은 사람이 하나님의 자녀가 되고 천국의 백성이 되며 더 나은 삶을 살도록 하는 것이 지금 내가 살아있는 이유가 돼야 한다. 남 잘되라고 사는 인생이 돼야 한다는 뜻이다.

내가 이 책을 쓰는 확실한 이유와 목적도 여기에 있다. 유명해지고 뭔가를 얻기 위해서 책을 쓰지 않았다.

먼저, 이 책을 통해 단 한 사람이라도 하나님과 말씀에 제대로 연결된다면 나는 모든 목적을 다 이루었다고 생각한다. 한 영혼이 온 천하보다도 더 귀하기 때문이다.

> 사람이 만일 온 천하를 얻고도 제 목숨을 잃으면 무엇이 유익하리요 사람이 무엇을 주고 제 목숨과 바꾸겠느냐 (마 16:26)

또 다른 하나는 하나님이 다니엘을 통해 내게 주신 말씀이 이 책을 쓰게 했다.

다니엘은 내가 정말 좋아하는 구약의 인물이다.

그는 바벨론 제국에 포로로 끌려가 바벨론 제국과 페르시아 제국에 이르기까지 네 명의 황제 밑에서 최고의 재상으로 살았던 사람이다.

하나님과 연결된 지혜와 영성이 몹시 뛰어나 앞날에 일어날 일들까지 환히 꿰뚫어 보고 예언했다. 바벨론 제국과 페르시아 제국 그리고 그다음으로 헬라 제국이 일어나고 그 헬라를 제압하고 로마제국이 생길 거라는 미래의 역사를 예언했다.

그뿐만이 아니라 로마 시대에 올 메시아 예수 그리스도와 그 후에 있을 이 세상의 마지막까지도 다 내다보았다. 그는 하나님의 망원경을 가지고 거시적 안목으로 역사의 끝을 봤던 사람이었다.

하나님과 완전히 잘 연결된 최고의 지성과 영성으로 탁월하게 살았음이 틀림없다. 그런 그가 다니엘서 맨 마지막에 자신에게 주신 하나님의 말씀을 이렇게 적어 놓았다.

> [1]그 때에 네 민족을 호위하는 큰 군주 미가엘이 일어날 것이요 또 환난이 있으리니 이는 개국 이래로 그 때까지 없던 환난일 것이며 그 때에 네 백성 중 책에 기록된 모든 자가 구원을 받을 것이라 [2]땅의 티끌 가운데에서 자는 자 중에서 많은 사람이 깨어나 영생을 받는 자도 있겠고 수치를 당하여서 영원히 부끄러움을 당할 자도 있을 것이며 [3]지혜 있는 자는 궁창의 빛과 같이 빛날 것이요 많은 사람을 옳은 데로 돌아오게 한 자는 별과 같이 영원토록 빛나리라 [4]다니엘아 마지막 때까지 이 말을 간수

하고 이 글을 봉함하라 많은 사람이 빨리 왕래하며 지식이 더하리라 (단 12:1~4)

하나님은 지구의 마지막 종말을 가르쳐 주시면서 마지막에는 이 세상에 큰 환난과 심판이 있을 것을 말씀하셨다. 마지막 때에는 많은 사람이 빨리 왕래하면서 지식이 더할 것이라고 말이다.

문명과 기술의 엄청난 발전을 통해서 아주 빨리 오가는 세상이 될 것이고, 인공지능의 시대가 되면서 지식이 폭발적으로 더해질 것을 미리 보게 하신 것이다. 왜 그렇게 되는지 앞서 언급했으니 이해가 되리라 믿는다.

바로 천국 복음이 땅끝까지 증거되고, 더 많은 사람이 구원받게 하기 위함이다.

이렇게 마지막에 죽었던 모든 사람의 육체가 깨어나고, 마지막 심판이 이뤄지는 것이다.

이 심판을 통해 하나님 앞에서 영원히 사는 영생의 삶을 사는 이들이 있을 것이고, 수치와 부끄러움의 심판을 당해 영원히 고통받는 자들도 있으리라는 사실을 가르치신다.

그런데 이 영생의 삶에 연결되게끔 일하는 자들, 곧 사람들을 옳은 곳으로 돌아오게 하는 삶을 사는 자에 대해 성경은 이렇게 말한다.

"많은 사람을 옳은 데로 돌아오게 한 자는 별과 같이 영원토록 빛나리라"

그런 사람은 하늘의 별과 같이 영원토록 빛나는 존재가 된다는 말이다. 하나님이 인정하는 세상 최고의 빛나는 스타이다.

예수 그리스도는 하나님과 인간의 연결자이고, 우리는 그 예수 그리스도와 사람을 연결하는 연결자가 될 때 진정 하늘의 스타가 된다는 것이다.

그렇다. 내가 이 책을 쓴 것은 바로 많은 사람을 옳은 곳으로 돌아오게 하는, 이 세상에서 얻을 수 있는 최고이자 최대의 보람을 얻기 위해서다.

그리고 내 남은 인생에 만나는 사람마다 이 책을 나눠주며, 그들이 하나님의 뜻을 깨닫고 옳은 곳으로 돌아오게 하는 일을 하려고 한다.

마지막으로 간절히 원하는 것은 이 책을 읽은 당신도 그런 사람이 되었으면 하는 것이다. 앞으로 삶 가운데 더 많은 사람이 당신을 통해서 복음을 얻고 옳은 곳으로 연결되어 영생을 얻길 간절히 기대하며 소망한다.

그 연결에 이 책이 귀한 역할을 하길 바라 마지않는다. 그러니 이 책을 읽고 나서 서재에 꽂아 두지 말고 꼭 필요한 누군가가 읽게 하길 바란다. 가능하다면 주위 사람들에게 한 권씩 선물로 나눠주면 더욱 좋겠다. 사랑하는 사람을 위해 당신이 할 수 있는 최고의 일이 될 것이다.

이 책을 끝까지 읽고 함께한 우리 모두가 영원한 하늘나라까지 항상 연결되어 살 수 있길 소망한다. 그리하여 우리의 연결된 공동 고백이 바로 이것이길, 간절히 기도한다.

"베스트셀러(Best Seller)에 연결되어
베스트 라이프(Best Life)를 살고 있습니다!"

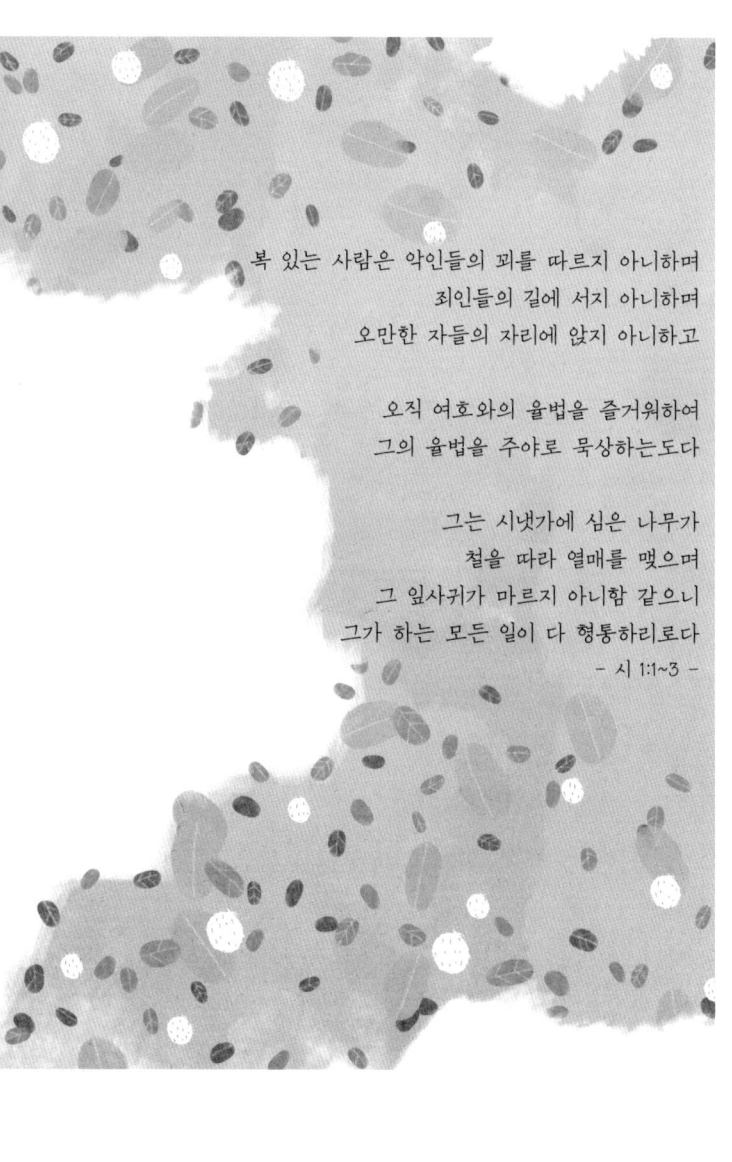

복 있는 사람은 악인들의 꾀를 따르지 아니하며
죄인들의 길에 서지 아니하며
오만한 자들의 자리에 앉지 아니하고

오직 여호와의 율법을 즐거워하여
그의 율법을 주야로 묵상하는도다

그는 시냇가에 심은 나무가
철을 따라 열매를 맺으며
그 잎사귀가 마르지 아니함 같으니
그가 하는 모든 일이 다 형통하리로다
- 시 1:1~3 -

## 베스트셀러의
## 베스트 라이프

2022년 10월 1일 1판 1쇄 펴냄

| | |
|---|---|
| **지은이** | 김기홍 |
| **펴낸이** | 정양호 |
| **펴낸곳** | 도서출판 예수전도단 |
| | 그레이스 미디어(주) |
| **출판 등록** | 1989년 2월 24일 (제2-761호) |
| **주소** | 서울특별시 강서구 양천로 424 |
| | 가양역 데시앙플렉스 지식산업센터 530호 |
| **전화** | 02-6933-9981 · **팩스** 02-6933-9989 |
| **이메일** | ywampubl@gracemedia.co.kr |
| **홈페이지** | www.ywampubl.com |

ISBN 978-89-5536-629-7

책값은 뒤표지에 있습니다.
잘못된 책은 바꾸어 드립니다.